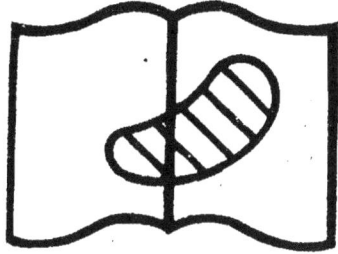

Original en couleur

NF Z 43-120-8

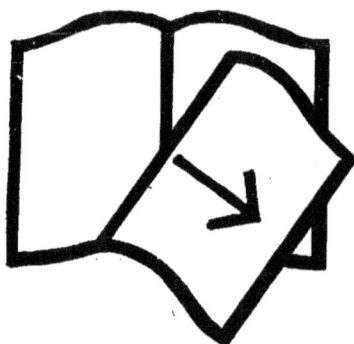

Couverture inférieure manquante

UN CANTON

DE L'ANJOU

SOUS LA TERREUR

ET

DURANT LA GUERRE DE LA CHOUANNERIE

PAR

HIPPOLYTE SAUVAGE

Avocat à la Cour d'appel d'Angers,
Ancien juge de paix du Louroux-Béconnais.

ANGERS
IMPRIMERIE DE LACHÈSE, BELLEUVRE ET DOLBEAU,
10, Chaussée Saint-Pierre.
—
1873

UN CANTON
DE L'ANJOU

SOUS LA TERREUR

UN CANTON

DE L'ANJOU

SOUS LA TERREUR

ET

DURANT LA GUERRE DE LA CHOUANNERIE

PAR

HIPPOLYTE SAUVAGE

Avocat à la Cour d'appel d'Angers,
Ancien juge de paix du Louroux-Beconnais.

—◦◦◦◦◦—

ANGERS

IMPRIMERIE P. LACHÈSE, BELLEUVRE ET DOLBEAU
13, Chaussée Saint-Pierre.

—

1873

UN CANTON
DE L'ANJOU
SOUS LA TERREUR
ET
DURANT LA GUERRE DE LA CHOUANNERIE

CHAPITRE PREMIER.

LE CANTON DU LOUROUX-BÉCONNAIS.

Le canton du Louroux-Béconnais n'a pas eu toujours les limites qu'il possède aujourd'hui.

A la formation du district d'Angers, qui se composa de 17 cantons, le territoire dont nous écrivons les annales fut réparti sur quatre d'entre eux.

Les communes du Louroux-Béconnais, de

1

la Cornuaille et de Villemoisan formèrent le canton du Louroux.

Celles de Saint-Clément-de-la-Place, de Saint-Jean-des-Marais, de Bécon, du Plessis-Macé et de la Membrolle furent comprises dans dans le canton qui eut Saint-Clément-de-la-Place pour chef-lieu.

Saint-Sigismond appartint au canton de Champtocé.

Enfin Saint-Augustin-des-Bois à celui de Saint-Georges-sur-Loire.

Cette organisation, qui remontait au décret du 14 mars 1790, subsista seulement jusqu'en l'an IV. Le canton de Saint-Clément-de-la-Place fut alors supprimé. Les communes de Saint-Clément-de-la-Place, de Saint-Jean-des-Marais et de Bécon furent annexées au canton du Louroux qui, avec l'adjonction de celles de Saint-Sigismond et de Saint-Augustin-des-Bois, se trouva définitivement constitué tel qu'il a toujours été depuis.

Mais en l'an IV de la République, au moment de cette organisation que nous signalons, la plupart de ces communes avaient déjà subi une transformation bien autrement importante, car elles avaient changé de noms et délaissé ceux qui rappelaient soit la féodalité, soit des dénominations religieuses.

Ainsi Saint-Clément, désigné bien improprement sous la spécification de la Place, au lieu de la Plesse, siége de son fief de Haubert, le plus important, s'appelait Clément-de-la-Place, ou simplement Clément.

Saint-Jean-des-Marais était la commune des Marais.

Villemoisan devenait Mont-de-l'Etang, de la situation particulière de son bourg au dessus d'un étang profondément encaissé dans un pittoresque ravin.

Saint-Sigismond empruntait son nom de Val-d'Oxance ou d'Auxance à un ruisseau torrentueux qui lui sert de limites au nord et qui le sépare de Villemoisan.

Saint-Augustin-des-Bois prenait celui de les Grands-Bois (1).

Bécon, la Cornuaille et le Louroux conservèrent seuls leurs qualifications. Cette dernière commune n'eût sans doute pas profité de cet avantage si l'on eût fait attention à son étymologie *de Oratorio*. Mais alors on ne demandait pas tant de science philologique.

Telle est l'origine de ce canton du Louroux, situé dans l'ancien *pagus Besconiensis*, et dans les limites de la baronnie de Bécon, aussi anti-

(1) Nous pourrions multiplier ces dénominations : Saint-Georges-sur-Loire, dont le bureau d'enregistrement recevait les actes publics du canton du Louroux, s'appelait Beausite.

que peut-être que le régime féodal inauguré par Charlemagne.

Quoiqu'il ne compte encore à peine que quatre-vingts ans d'existence, cependant son histoire offre un certain degré d'intérêt. Bien peu d'autres cantons ont été aussi agités que celui-ci à ses débuts, dans les dix dernières années du XVIIIᵉ siècle. Nous avons été étrangement surpris de la richesse des documents historiques qu'il nous a fournis et que nous avons exhumés. Il nous appartenait de les classer, puisque c'étaient pour la plupart les vivantes minutes de la justice de paix du Louroux, c'est à dire des pièces certaines, authentiques, irrécusables et dont personne n'eût jamais songé à compulser les liasses d'ici à longtemps. Les mairies, les presbytères du canton avaient aussi quelques registres déjà oubliés : ils pouvaient nous révéler également quelques détails inconnus. Les actes de l'état-civil enfin ne sont pas toujours dépourvus de quelques indications et nous en avons fait notre profit. Ajoutons qu'il existe encore quelques rares survivants de cette époque mouvementée, et qu'il est bon de recevoir leurs dernières paroles et de recueillir leurs derniers souvenirs avant qu'ils aient disparu.

Ainsi, pendant que les archives départementales et les greffes de la Cour impériale d'Angers et des tribunaux du département fournissaient leurs appoints au remarquable *Essai sur la Terreur en Anjou*, d'un éminent magistrat, M. Camille Bourcier; tandis que M. Godard-Faultrier s'inspirait aux mêmes sources de son mélancolique *Champ des Martyrs*; que le R. P. dom François Chamard, dans ses *Saints personnages de l'Anjou*, consacrait un long chapitre aux martyrs de la persécution française à la fin du xviii* siècle; que M. Berriat-Saint-Prix, dans son ouvrage sur *La justice révolutionnaire*, que M. Paul Marchegay, dans ses *Documents sur la déportation des prêtres français en Espagne*, et que bien d'autres historiens de ces mêmes annales sanglantes et remplies d'une indicible émotion, étudiaient les chroniques révolutionnaires à un point de vue général, nous avons cru qu'il nous serait permis d'entrer dans quelques infinis détails et de reconstituer l'individualité, la personnalité toute particulière d'un canton avec son type propre et son histoire toute spéciale, tout intime et toute locale.

Nos moyens se sont donc concentrés dans des limites fort restreintes que nous n'avons pas voulu nous permettre de franchir. Nous ne serons assurément pas complet ainsi; du moins nous serons sincère. Cette étude rétrospective sur *Un canton de l'Anjou pendant la*

*

Terreur aura toujours le mérite d'être puisée à des documents entièrement nouveaux et inédits. C'est peut-être un tort; mais nous ne surchargerons pas notre travail de redites. Dans notre époque d'investigations historiques, chacun aime à apporter son tribut quelque faible qu'il soit, et nous avons cherché à ne pas laisser oublier une contrée dont nous avons scruté les annales.

Nous sommes tout heureux de pouvoir dire ici avec la plus vive reconnaissance à M. Camille Bourcier, que c'est lui qui a su nous inspirer cette composition, qui ne sera cependant qu'un bien pâle reflet de ses récits impressionnants, si animés et si dramatiques.

CHAPITRE II.

LE CLERGÉ.

Notre point de départ est la prise de la Bastille.

Dès l'année suivante, le 14 juillet 1790, est pour toutes les communes de la France un jour de fête solennelle. Les municipalités et la garde nationale, toutes les deux d'institution toute récente s'assemblent à dix heures du matin sur la place publique pour répondre aux vœux des fédérés. Les cris les plus enthousiastes se font entendre de toutes parts. La joie la plus vive est sur tous les visages. Tous les assistants, d'une commune voix prêtent avec élan le serment d'être fidèles à la constitution, à la nation, à la loi et au roi. Ils jurent de maintenir les sages décrets de l'auguste assemblée nationale.

Le récit des fêtes de la fédération a été fait bien des fois. Nous pensons que cette cérémonie dut cependant avoir au chef-lieu de canton plus d'éclat que dans les communes rurales ; aussi le procès-verbal rédigé avec un certain soin en fut-il conservé. Il porte les signatures : J. Boré, maire ; F. Lelarge, N. Avril, J. Faucheux, Mellet, Duhoux, A. Breheret, M. Lequeux, F. Giraud, F. Boré jeune, P. Pineau, Lapiche, R. Guimier, J. Abraham, fils, M. Girard, L. Carrie, P. Lair, Deniau, Gaudiveau, F. Boré fils, sous-lieutenant, et Livenais.

Nous avons tenu à conserver ces noms, parce que dans le cours de ce récit, nous les reverrons bien souvent.

Dans les communes, où la solennité avait dû avoir moins de retentissement, on avait tenu néanmoins à envoyer des délégués au chef-lieu du département, à Angers. Villemoisan, entre autres, le 27 juin 1790, députa à la fête de la fédération six de ses officiers, MM. Edelin, commandant de sa garde nationale, Jacques Lory et Jean Lory, capitaines, Mathurin Merlet et Pierre Boyslève, lieutenants, et Jacques Caillaud, sous-lieutenant.

Cependant chacune des branches nouvelles de l'organisation sociale se constituent successivement. C'est le gouvernement par tous les membres de la nation qui se forme. La classe moyenne, qui jusque-là a été presque constamment tenue à l'écart par les classes privilégiées, brigue de tous les côtés les suffrages populaires. On voit l'ancien Tiers-Etat, la bourgeoisie, élue aux fonctions de maires, d'officiers municipaux, de notables, aux différents grades de la garde nationale et aux divers degrés de la magistrature. Chacun veut une petite place au soleil; chacun ambitionne sa part dans la gestion générale des affaires : tous réclament un poste quelconque d'honneur et le fonctionnarisme, expression moderne, mais qui est juste et parfaitement applicable, prend naissance sur tous les points du territoire.

Nous venons avec intention d'employer le mot de fonctionnarisme. Ce fut, en effet, le décret promulgué par l'Assemblée nationale, le 27 novembre 1790, qui, en voulant astreindre les membres du clergé au serment comme fonctionnaires ecclésiastiques et publics, provoqua tant de malheurs, amena plus tard tant de persécutions et suscita enfin tant de victimes.

Le clergé des paroisses qui composent le canton actuel du Louroux comprenait alors les prêtres que voici :

1. Le Louroux-Béconnais : Noël Pinot, curé; Mathurin Garanger, vicaire.

2. Abbaye de Pontron : D. Pierre-François Pequignot, prieur; D. Bressant, sous-prieur; D. Lamy; D. Joseph Virot; D. Virot; D. Claude-Pierre Quartier; D. Benizeau et D. Veron.

3. Bécon : Joseph-Marie de la Croix de Beauvais, curé; Gilberge, vicaire; Letourneau, vicaire.

4. La Cornuaille : Charles Thierry, curé; Jean Royné, vicaire.

5. Saint-Augustin-des-Bois : Antoine Panay de Champotier, prieur-curé; Pierre Legueu, vicaire.

6. Saint-Clément-de-la-Place : François-Etienne-Gilles Pouyet, curé; Charles Pouyet, vicaire.

7. Saint-Jean-des-Marais : René Bouvier, curé.

8. Saint-Sigismond : Pierre Barrier, curé; Godard, vicaire.

9. Villemoisan : Pierre-Eloi Lalesse, prieur-curé; François Houdart, vicaire.

Au Louroux, le décret de l'Assemblée nationale fut lu et publié le 9 janvier 1791, à la messe, par le vicaire. Le dimanche suivant, Noël Pinot annonça lui-même que le 23 janvier aurait lieu la cérémonie du serment de fidélité.

Il paraît que ce fut l'occasion d'une véritable scène que l'on nous a racontée. L'abbé Pinot étant monté en chaire voulut, dans un sermon, ou plutôt dans un discours, combattre avec énergie les motifs de la loi, les raisons politiques qui avaient entraîné cet acte, sur lequel on avait surpris la religion de Louis XVI, l'inutilité du serment lui-même et les justes causes pour lesquelles les prêtres devaient le refuser. Il était éloquent et enflammé d'une sainte indignation. Il allait se livrer à tous les mouvements oratoires que lui inspirait la circonstance, lorsque, dit-on, le maire se levant au milieu de l'assemblée s'écria avec un geste solennel d'autorité : « Citoyen, je t'ordonne » de descendre de la chaire de vérité. Tu ne » ne dois pas la souiller par le mensonge ; et » j'exige le respect de la loi. » Et le curé Pinot descendit aussitôt.

En prenant un délai de huitaine, il avait voulu pouvoir consulter ses supérieurs et pouvoir réfléchir davantage ; peut-être même user de son influence auprès de quelques-uns de ses collègues pour obtenir d'eux qu'ils suivissent son exemple.

Le dimanche d'après, à l'issue de la grand'-messe, le maire, les officiers municipaux et les notables se réunirent donc à l'église et se rendirent dans le chœur pour y recevoir le serment public. Le curé ne se présentant point, ils entrèrent dans la sacristie. Ils l'y trouvèrent, l'interpellèrent et reçurent un refus formel de sa part. Alors, ils revinrent au chœur où Mathurin Garanger, vicaire, prêta, en présence de la commune, le serment de fidélité.

Mais, le 22 mai suivant, il se rétracta publiquement et dans le même temple, à l'issue des vêpres.

Dès le 27 mars, les membres de la municipalité adressèrent une requête au district d'Angers pour obtenir la nomination de Jean-François-René Ecot, ancien sous-prieur des Carmes, qu'ils demandèrent pour desservant. Le lendemain, Hugues Peltier, évêque de Maine-et-Loire, approuva ce choix et le nouveau curé fut installé par les autorités locales, assemblées dans le chœur de l'église. Ecot prêta le serment requis par la loi. Cet acte porte les signatures J. Boré, aîné, maire; A. Breheret; N. Avril; J. Abraham fils; Bidon, procureur de la commune; F. Lelarge; J. Faucheux, secrétaire greffier.

Tout fait supposer que la population ne voulut point accepter ce prêtre qu'elle appelait l'intrus. Il dut se retirer bientôt. Le 27 novembre de la même année, Augustin Delaleinne, ancien vicaire de Feneu, vint présenter de nouvelles lettres signées de l'évêque Pel-

tier, et de Blondeau, vicaire-général, secrétaire. Il se fit donc installer comme desservant
et prêta les mêmes serments.

Au prône de la grand'messe, le 14 octobre
1792, le même prêtre jura fidélité à la république; il fit en même temps le serment de liberté et d'égalité.

Nous le retrouverons bientôt à Villemoisan
exerçant les mêmes fonctions, car le 4 novembre suivant, le maire, les officiers municipaux et les habitants assemblés sous le vestibule de l'église, procédèrent à l'élection d'un
nouveau ministre des autels et choisirent Mathurin-Louis Renier, vicaire de la paroisse de
la Trinité d'Angers. Agréé par l'évêque, celui-
ci fut installé le 11 novembre, après le serment juré au prône paroissial. Le procès-verbal est signé : Renier, desservant, Jacques
Viau, maire, etc.

Enfin, un mois après, comme si quelque
scrupule avait saisi les consciences, les électeurs étaient appelés une dernière fois au
scrutin. L'abbé Pinot avait été mis en demeure
de prêter définitivement le serment à la Constitution, en vertu du décret du 27 novembre
1792. Son refus avait dû être considéré comme
une démission. Alors, le 5 décembre, on avait
dû élire de rechef Mathurin-Louis Renier
comme curé à son lieu et place. Ce choix fut

2

ratifié par Peltier le 12, et la nouvelle prise de possession de sa cure eut lieu le 16.

Il fut le témoin nécessaire de plusieurs graves événements survenus au Louroux.

Ainsi, le 22 juin 1793, il vit son presbytère pillé et dévasté par les *rebelles commandés par de Scépeaux*. Les meubles et les provisions de toute espèce en furent enlevés : son grain, trois cents bouteilles de vin et vingt-deux couples de volailles devinrent la proie des maraudeurs. Procès-verbal en fut dressé par le juge de paix.

Le 28 novembre 1793 (8 frimaire an II), en séance extraordinaire de la municipalité , sur la réquisition d'Antoine Bréhéret , procureur de la commune , son église fut dépouillée de ses vases sacrés, de son argenterie et de ses ornements. Tous ces objets furent envoyés, avec les cloches, en don patriotique à la nation et déposés sur l'autel de la patrie. Les membres présents eurent la douce satisfaction, disent-ils , d'avoir été des *premiers* à envoyer leur offrande et à faire triompher le *règne de la raison*.

La liste des objets précieux qui furent livrés comprenait :

Trois calices avec les patènes; un ciboire en argent; une custode d'argent; deux chopineaux d'argent; un vieux pied de calice; un soleil; un encensoir et la navette; plus six aubes de toile fine et vingt-sept pièces de linge.

L'église du Louroux elle-même, ainsi que le presbytère, furent incendiés, le 23 mai 1794, par les chouans, durant la guerre civile. Leurs décombres, — il n'en restait que les murs, — furent vendus aux enchères publiques et adjugés à François-Marie Bidon, juge de paix.

Désormais le service divin et les fêtes religieuses de la République durent se faire dans une grange, l'ancienne grange dimeresse, convertie en ce moment en logement du garde champêtre, en dépôt d'armes et de pompes à incendie.

Quelques mois plus tard, dans le courant de décembre 1795, le curé Renier périt assassiné par les mêmes hordes, à peu de distance du bourg du Louroux, non loin de l'étang de la cure. Son acte de décès n'existe pas. La première signature que nous avons trouvée de son successeur, Jean-Jacques Chauveau, est du 10 janvier 1796. Maintenu à la cure du Louroux, lors du concordat, il y est resté jusqu'à fin de 1805.

Ces derniers faits que nous venons de signaler avaient été exercés comme représailles de la mort cruelle de l'abbé Pinot. Revenons donc à cet infortuné curé du Louroux.

Après avoir, le 14 septembre 1788, pris possession de cette cure, qui était l'une des plus importantes du diocèse, à la mort de Jean-Aubin Thouin, décédé le 2 septembre, nous l'avons vu refuser le serment au mois de janvier 1791. Arrêté et jeté en prison dans le mois de mars suivant, il avait été appelé devant le tribunal à expliquer sa conduite et les motifs qui l'avait dirigé en parlant en chaire contre le serment qu'on lui demandait. Invité une seconde fois à le faire, sur son refus, il avait été condamné à se tenir pendant deux ans éloigné de huit lieues de sa paroisse. Choudieu, mécontent de cette sentence, et trouvant la peine trop faible, interjeta appel. Les décrets laissaient alors au prévenu la liberté de choisir un tribunal : l'abbé Pinot préféra celui de Beaupreau. La sentence y fut confirmée au grand étonnement des honnêtes gens. Mais il désirait lui-même cette solution, dans la crainte qu'on ne vint encore à appeler du nouveau jugement et à le conduire à Orléans : il eût été alors mis hors d'état d'être utile à son troupeau (1).

A Beaupreau, pendant que sa première affaire se traitait en appel, il eut pour prison le

(1) *Mémoires de Gruget.* — M. Godard-Faultrier *Champ des Martyrs,* pag. 91.

château de cette petite ville. Son séjour y fut non-seulement supportable, mais très paisible, grâce aux bons soins de la maréchale d'Aubeterre.

Interné loin du Louroux et de ses fidèles paroissiens, l'abbé Pinot n'avait jamais cessé d'avoir des relations directes avec eux. Il vint même les rejoindre et leur demander asile lors de l'entrée de l'armée catholique à Angers, le 24 juin 1793. Presque publiquement, il continua chaque jour d'y prêcher, confesser et administrer les sacrements.

Il était dénoncé depuis longtemps ; des recherches s'étaient effectuées plusieurs fois inutilement. Le dévouement faisait bonne garde, et d'ailleurs il avait changé plusieurs fois d'asile. Ainsi l'on sait que dès son arrivée dans la commune, vers la Saint-Jean, il avait été généreusement accueilli, au milieu du bourg même du Louroux, par le nommé François Lelarge, et que celui-ci fut inquiété pour cette bonne action. Trois témoins vinrent déposer plus tard, le 9 mai 1794 (20 floréal an II), que leur concitoyen n'avait agi que sous la pression et la contrainte des brigands, en recevant ce saint prêtre chez lui. On ignorait sans doute à ce moment la mort de Lelarge, décédé, le 30 avril précédent, prisonnier à la citadelle d'Angers. La pièce que nous mentionnons semble porter une contradiction dans sa date : elle faisait peut-être partie d'une information concernant une autre personne.

Le curé Pinot s'était retiré ensuite dans différentes fermes du Louroux, à Piard, à la Fermerie, à la Hallerie, en Saint-Sigismond, chez le nommé Rincé, puis en dernier lieu à la Milanderie. Caché longtemps dans un grenier à foin de ce dernier village, il dut le quitter aux approches de l'hiver. Le nommé Placé le reçut dans sa demeure de bien chétive apparence et isolée (1). Il y resta déguisé, mais sortant presque chaque nuit pour aller porter ses consolations et ses secours aux malades.

Un jour qu'il était dans le petit jardin attenant à la maison, un mendiant qui passait dans le chemin voisin l'aperçut rentrant dans son asile. L'abbé Pinot lui avait prodigué les bienfaits et donné une fois son meilleur pantalon. Il est aussitôt trahi et dénoncé par ce misérable qui se rend au comité de la commune. Un capitaine de la garde nationale qu'il rencontre se charge d'y porter lui-même la nouvelle qu'il transmet à l'instant et comme récompense

(1) Avec lui se trouvaient réfugiées deux illustres proscrites d'Angers, déguisées en paysannes, Mme de Lancreau et Mme Le Bault.

de sa révélation, il réclame comme un droit le privilége de conduire à la Milanderie une escorte de cinquante hommes pour y aller chercher le réfractaire. Ils partent en toute hâte.

Les révolutionnaires attachaient une grande importance à cette prise. Francastel, le proconsul d'odieuse mémoire, avait de plus promis une somme importante au délateur qui le lui livrerait. (Dom Chamard, les Martyrs de la persécution, p. 381). On fouille partout. Julien Robin, lieutenant, dirige personnellement les perquisitions dans quelques parties de la maison : il va jusqu'à déranger quelques pains qui couvraient l'une de ces grandes huches dans lesquelles on pétrit la pâte du pain dans nos campagnes. Puis après y avoir plongé la main, il en laisse retomber de suite le couvercle disant bien haut qu'il n'y a là que de vieux chiffons. Il a reconnu le malheureux prêtre et il veut le sauver à tout prix.

On ne trouve rien. Pourtant le chef du détachement insiste. Il questionne encore le dénonciateur, qui est plus affirmatif que jamais. Les recherches recommencent donc, et les habitants du logis sont menacés de mort s'ils ne révèlent pas l'endroit où le bon prêtre est réfugié. Tous gardent le silence; chez eux l'amour du devoir l'emporte sur la crainte des tourments. La situation devient critique.

L'abbé, du fond de sa cachette, entend les menaces qui redoublent : il ne veut pas compromettre plus longtemps le sort de ses bienfaiteurs. « Me voici, dit-il à l'escorte, en levant » le couvercle du coffre (1), me voici, mais » épargnez ceux qui m'ont donné l'hospita- » lité. » Puis apercevant le traître qui l'avait dénoncé et perdu, il se contente de l'apostropher en ces termes : « Comment, c'est toi ! »

Ce digne prêtre, s'écrie M. Godard-Faultrier avec émotion (2), méritait bien, par son courage, ses vertus et sa foi, d'avoir son Judas et son calvaire. Cet autre Christ, qui, comme un pain céleste, sortit du fond de la huche dans laquelle il s'était caché, eut une haute et glorieuse influence sur la belle conduite des ecclésiastiques de l'Anjou ; son

(1) Ce bahut se trouve actuellement dans l'église du Louroux. On y a fixé l'inscription suivante sur une plaque de cuivre :

Le bon pasteur donne sa vie pour ses brebis (s. jean, ch. xvii).

Mʳ noel pinot, curé du louroux-beconnais, fvt pris dans ce coffre a la milanderie en lad. paroisse le 9 février 1794. le 21 du même mois il termina a angers une sainte vie par la mort precievse des martyrs.

(2) Le Champ des Martyrs, p. 90.

exemple nourrit les forts et sut raffermir le petit nombre des tièdes.

On l'emmène donc au Louroux. On le prend, dit l'abbé Gruget, on l'attache, on s'empare également de tous ses habits et ornements d'église. Puis, après l'avoir enfermé dans le corps-de-garde toute la journée du dimanche, 9 février, on le conduisait dans les prisons d'Angers : c'était la seconde fois qu'il y était mis, et toujours pour la religion.

Nous avons retrouvé dans les archives de la justice de paix une pièce relative à cette arrestation. Nous la copions :

« Comité de surveillance et révolutionnaire » établi à Angers par les représentants du » peuple. — Le comité se tient près Saint- » Maurice.

» Le comité a reçu du citoyen Bidon, juge » de paix de la commune (sic) du Louroux, le » procès-verbal du curé réfractaire de ladite » commune.

» Angers, le 22 pluviose, l'an II (10 février » 1794) de la République française, une et in- » divisible. Signatures : Marat Boussac et Bru- » tus Thierry. »

A son passage à Bécon, la population se porta en foule vers le martyr, auquel elle prodigua ses témoignages de respect. Une pieuse femme lui ayant demandé un souvenir de lui, elle en reçut son propre chapelet, en lui recommandant de prier à son intention. Ses conducteurs avisèrent au moyen de donner à son entrée à Angers une certaine solennité. Ils le revêtirent de sa soutane, lui mirent son bonnet carré sur la tête, et le menèrent de suite au tribunal révolutionnaire qui tenait ses séances dans l'ancienne église des Jacobins (actuellement l'écurie de la gendarmerie départementale), et quelquefois aussi dans une des salles de l'évêché. Il fut ensuite conduit dans les prisons, près la place du Pilori. Ç'était le 9 février 1794 qu'il avait été arrêté dans sa paroisse, et ce fut le lendemain qu'il entra en prison. Comme on était extrêmement satisfait de cette capture, on prit toutes les mesures pour qu'il n'échappât pas; il fut jeté dans les cachots avec défense de rien lui donner, qu'un peu de pain et d'eau. Lui-même ne voulut rien recevoir absolument de ce que la charité lui faisait passer.

Son procès ne traîna pas en longueur. Le vendredi matin, 21 février 1794, il comparut devant ses juges. On avait eu soin de l'y conduire habillé en aube, étole, chasuble et même un calice à la main, par dérision.

Après quelques questions... ils le condamnèrent à mort et à être conduit à l'échafaud dans le même accoutrement. On lui demanda s'il

n'en était pas bien aise. — « Oui, répondit-il,
» vous ne pouvez me faire un plus grand plai-
» sir! »

Dès le soir, vers quatre heures, la sentence
fut exécutée sur la place du Ralliement. Il
avait été conduit au supplice vêtu de tous les
ornements qui servent aux prêtres pour offrir
le saint sacrifice, et il mourut avec, à l'excep-
tion de la chasuble qu'on lui ôta avant que sa
tête ne fût mise sous le couteau.

S'approchant de l'écbafaud, l'abbé Pinot fit
le signe de la croix, comme pour monter à
l'autel, et prononça ces paroles de la messe :
Introibo ad altare Dei. Quel esprit d'à-propos,
ou plutôt quelle sainteté (1)!

Ainsi, continue notre véridique historien,
finit ce respectable pasteur, l'un des ornements du clergé de l'Anjou, par sa science et
par ses vertus. Il faut espérer que l'Eglise, un
jour, le mettra au rang de ses martyrs et que
les fidèles de ce diocèse auront en lui un puissant protecteur auprès de Dieu, qu'il a tant
aimé pendant sa vie, et pour lequel il s'est glo-
rifié de souffrir et de mourir (2).

(1) M. Godard-Faultrier, le *Champ des Martyrs*,
p. 89.
(2) M. Godard-Faultrier, le *Champ des Martyrs*, p.
90-93. Nous eussions pu emprunter de plus longs détails à la biographie écrite par le R. P. Dom Cha-

On croit généralement que le Louroux n'a payé que ce seul tribut aux terreurs de la Révolution; c'est à tort. Nous tenons à tirer parti des documents tout à fait ignorés que nous avons découverts, afin de pouvoir compléter quelques détails restés inexpliqués jusqu'ici.

Après le massacre de l'armée vendéenne à Savenay, le 23 décembre 1793, deux prêtres fugitifs, deux vieillards de 68 ans environ, s'acheminent péniblement vers le Louroux-Béconnais et demandent asile à Jean Challain, métayer au village de la Roterie. Pris dans sa grange, ils sont entraînés immédiatement à Angers, condamnés à mort le matin par le tribunal révolutionnaire, et exécutés le même jour sur les trois heures après-midi. C'était le 31 décembre, jour où la commission militaire de Saumur ouvrait pour la première fois son tribunal à Angers. Leurs têtes furent montrées par le bourreau à la populace qui fit éclater de toutes parts des hurlements frénétiques (1). Ces deux ecclésiastiques, respectables par leur âge et leur sainteté se nommaient : l'un, Pierre-Raoul Doguereau (2), prieur de St-Aignan, de la

---

mard, les *Saints personnages de l'Anjou*, mais on peut y recourir.

(1) Gruget, dans le *Champ des Martyrs*.

(2) Notre manuscrit orthographie Dogereau.

ville d'Angers; l'autre, Nicolas - Charles Chesneau, curé de Montreuil-Belfroi, près Avrillé (1).

Bougère, membre du comité révolutionnaire d'Angers, lança plus tard un mandat d'arrêt, lorsqu'il apprit que Jean Challain avait ainsi recelé chez lui ces deux infortunés. A cette nouvelle, celui-ci accourt à la chambre commune du Louroux. Il se fait délivrer le 19 avril 1794, par le maire et par quelques membres présents, une lettre pour le terrible magistrat. Les autorités locales constatent que Challain leur avait refusé de les loger dans sa maison, qu'ils s'étaient retirés dans sa grange à son insu, et que ces deux hommes étant totalement inconnus de lui, ils n'avaient pu avoir de correspondance ensemble. Le maire et ses conseillers demandèrent en conséquence la mise en liberté du prévenu, et nous supposons qu'ils l'obtinrent.

Une quatrième exécution capitale fut celle de Claude Gilberge, curé de Châtelain, né à Bécon, le 6 avril 1726. Le comité révolutionnaire de Châteaugontier l'envoya chercher à Chartres ou à Rambouillet pour le faire com-

---

(1) M. Godard-Faultrier, le *Champ des Martyrs,* p. 85, 157 et 158. Dom Chamard, les *Saints personnages de l'Anjou,* t. III, p. 523.

3

paraître à sa barre. On lui reprochait d'avoir
entretenu une correspondance illicite avec
Renée-Rosalie Gilberge, sa nièce. Celle-ci était
également née à Bécon, le 12 juillet 1750,
d'un père qui était maître charpentier. Elle
fut condamnée à mort et exécutée à Laval, le
25 juin 1794, et Claude Gilberge porta sa tête
sur la guillotine de Châteaugontier, le 9 août
suivant. Une inscription placée dans l'église
de Châtelain rappelle le vénérable confesseur,
mort pour la foi à l'âge de 68 ans (1).

Le curé de la Cornuaille, Charles Thierry,
était mort aussi d'une manière bien malheureuse, quoique différente. D'abord vicaire de
cette paroisse, qui dépendait alors du diocèse
de Nantes, à partir du 25 septembre 1785, il
en était devenu recteur le 15 janvier 1787.
Après le passage de la Loire par l'armée vendéenne et son séjour à Candé, il suivit ses bataillons désolés, vint avec eux à Granville
et périt enfin dans la déroute du Mans, au
mois de novembre 1793. Des témoins reconnurent son cadavre au milieu de ceux qui
furent écrasés par les caissons de l'artillerie
de l'armée victorieuse. Son vicaire, Jean

(1) D. Piolin, *L'Église du Mans pendant la Révolution*, t. 2, p 373 et 610. — D. Chamard, *loco citato*,
t. 3, p. 551.

Royné, qui était dans la paroisse depuis le 7 janvier 1787, s'était caché pendant la Terreur dans les paroisses voisines.

Dans la commune de Villemoisan, les premiers événements de la révolution s'accomplirent avec un peu plus de calme qu'au Louroux.

En exécution du décret de l'Assemblée nationale du mois de novembre 1789, les divers membres du clergé vinrent à la mairie, au cours du mois de février 1790, passer leurs déclarations de leurs revenus temporels. Ce sont :

1. M. Caillaud, curé du Plessis-Macé et titulaire de la chapelle de Horlet, qui accuse un revenu de 60 livres en principal.

2. Pierre-Eloi Lalesse, chanoine régulier de l'ordre de Saint-Augustin et prieur-curé de Villemoisan, qui déclare un revenu de 5,310 livres.

3 Mme de Scépeaux, abbesse de l'abbaye de Nioiseau, pour la métairie de la Friperie.

4. Et Augustin-Charles-François-d'Assises-François-de-Paul Gournay, prieur-curé de Saint-Georges-sur-Loire, pour 200 livres.

Une grande et légitime considération semble s'être attaché dans cette paroisse au prieur. Il était aimé des pauvres qu'il soulageait avec générosité et auxquels il consacrait une grande partie de son revenu, considérable pour le temps. Il fit plus : le 8 décembre 1790, il porta à la mairie une offrande patriotique de 40 écus.

Sommés de prêter le serment civique, le prieur et son vicaire refusent tout d'abord de se présenter devant les autorités, qui dressent procès-verbal de leur abstention, le 4 février 1791. Mais quelques semaines plus tard, chacun d'eux vint apporter sa soumission dans des termes restrictifs. Beaucoup d'ecclésiastiques avaient cru pouvoir agir ainsi et pensèrent que l'on n'exigerait pas davantage. Cet acte de Lalesse et de Houdart parut agréable aux autorités de Villemoisan. Aussi, lorsque ces deux prêtres leur furent enlevés, une protestation générale fut aussitôt adressée par elles aux administrateurs du directoire du département.

« Tant que nous les avons eus, disent les représentants autorisés de la commune, le calme, l'union, la fraternité ont régné parmi nous. Si nous avons goûté la paix, nous en sommes redevables à nos ministres. Nous vous demandons donc, messieurs, que vous nous les rendiez, car ils ne nous ont jamais prêché par leurs exemples et leurs doctrines que la soumission aux lois, la concorde, la bienveillance mutuelle et réciproque. Ils nous ont toujours enseigné à être bons maris, bons pères et bons citoyens. » Cette pièce, datée du 2 juin 1792, porte de nombreuses signatures.

Mais le prieur Lalesse, conduit à Angers, suivit bientôt le chemin de l'exil. Il fut l'un de ceux que le navire le *Français* transporta sur les côtes de l'Espagne. Débarqué à la Corogne, il eut Compostelle pour résidence. Il y était installé à Saint-Martin, en janvier 1799. Rappelé en France au concordat, il fut réclamé par ses anciens paroissiens, et réinstallé dans sa cure. Il est mort dans son église à la messe de minuit, le jour de Noël 1827, âgé de 75 ans. Toujours il conserva son vêtement de régulier, et les habitants se rappellent avec un sentiment de profond respect ce beau vieillard en soutane blanche, auquel ils ne donnent jamais que le nom de monsieur le Prieur.

Pierre-Eloi Lalesse, né à Barbonne, au diocèse de Troyes, avait été d'abord vicaire de Saint-Augustin-des-Bois en 1784, puis pourvu de la cure de Villemoisan au mois de mars 1785.

Après son départ, vers le mois de mai 1792, — le dernier acte de Houdart est signé le 22 mai, — la paroisse de Villemoisan resta quelque temps sans pasteur. De juin à août, Barrier, curé de Saint-Sigismond, rédigea neuf actes en l'absence du prieur et avec sa permission. Antoine Panay, curé de Saint-Augustin-des-Bois, le suppléa ensuite, et le 15 octobre le maire, faute de prêtre, procéda en personne à une inhumation.

Augustin Delaleinne, desservant du Louroux-Béconnais, fut installé à la cure de Villemoisan, vers le 25 octobre. Dans son sermon de prise de possession, dont nous avons la plus grande partie, il débute en ces termes : « Mes » amis, je suis étonné de voir qu'il y ait parmi » vous des gens assez ingrats pour avoir cher- » ché à s'opposer aux vœux de la paroisse qui » me voulait avoir pour curé !... Citoyens , » souvenez-vous que la loi nous rend tous » égaux. Nous ne sommes plus dans ces temps » où l'homme ne rougissait pas de fléchir le » genou devant l'homme, etc., etc., etc. »

Delaleinne resta peu de temps. Quelques mois après, le 13 janvier 1793, François Houdart, l'ancien vicaire, reparut à la mairie de Villemoisan avec des lettres apostoliques constatant son institution canonique par Hugues Peltier, à la suite d'une élection faite à Angers le 5 décembre précédent. Il prêta le serment civique et fut installé dans la cure et dans sa belle maison presbytérale du prieuré. Houdart, au moment de quitter le séminaire d'Angers avec ses nombreux co-détenus , avec Lalesse, son curé, avait vu son courage

fléchir devant un exil qui l'effrayait et il avait,
ainsi qu'un autre prêtre nommé Laurencin,
prêté le serment de liberté et d'égalité (1). C'est
à cette circonstance qu'il avait dû sa liberté et
son retour au milieu de ses affectionnés paroissiens. Après avoir subi les angoisses de la
prison, il avait apostasié le 18 septembre
1792. Nous ignorons ce qu'il devint plus tard,
mais nous savons qu'après le départ du prieur
et jusqu'en septembre 1795, l'abbé Bélanger
continua d'administrer les sacrements à Villemoisan et dans les communes voisines aux
personnes pieuses et fidèles. Sa retraite fut
longtemps le grenier placé au-dessus de la sacristie. Lorsque les bleus se furent installés dans
l'église, il se retira au Tertre, dans un souter-
rain et dit souvent la messe au Vivier, dans
une chambre du vieux château. Plus tard, et
depuis le 1er octobre 1795, jusqu'au 25 juin
1800, les registres furent tenus après lui par
l'abbé Bachelot, ancien vicaire de St-Samson-
lès-Angers, prêtre non assermenté.

Quant à l'église de Villemoisan, à la sacristie et au vieux cimetière situé à la Croix de
Mission, ils furent soumissionnés et adjugés
par les administrateurs du département, le 26

(1) *Revue de l'Anjou*, 1853, t. 2, p. 565. — D.
Piolin, *L'Église du Mans pendant la Révolution*, t. 2,
p. 18.

prairial an IV (14 juin 1796), à Maurice Tudoux, meunier et ancien maire. Il les a rendus gratuitement aux habitants, le 7 décembre 1810.

Ceux-ci avaient en vain essayé de lutter contre les décrets qui ordonnaient aussi la vente du presbytère prieural. Ils étaient fiers de ce magnifique bâtiment qui eût été trop onéreux à entretenir le jour où ses riches dépendances lui étaient enlevées. Cependant, à diverses reprises, les 23 janvier, 6 février, 8 mai, 14 août 1791, ils avaient protesté dans les termes les plus énergiques contre son aliénation.

Pour terminer, indiquons les prêtres du canton qui furent déportés à la même époque. Ce sont :

René Bouvier, curé de Saint-Jean-des-Marais.

Mathurin Garanger, vicaire du Louroux.

Pierre Legueu, vicaire de Saint-Augustin-des-Bois.

Pierre Barrier, curé de Saint-Sigismond.

Le premier acte de René Bouvier, à Saint-Jean-des-Marais, avait été le 28 mai 1783. On lui devait la transformation de sa paroisse : le 23 janvier 1786, il en avait béni le cimetière; une année après, le 16 janvier, il avait posé la pierre fondamentale d'une nouvelle église, construite par ses soins et à ses frais. Ce temple avait été béni le 29 juin; enfin, le 3 octobre 1787, il avait placé l'aiguille du clocher de cette même église. Barrier était encore dans sa paroisse le 26 mai 1791. Pour refus de serment, il se vit renfermer d'abord au séminaire d'Angers, comme ses collègues; puis déporter le 12 septembre 1792, sur le navire *La Didon*. Débarqué à Santander, il eut Badajoz pour résidence.

Mathurin Garanger avait été vicaire du Louroux depuis le 1er mai 1790. A la veille de son incarcération, le 19 septembre 1791, il avait remis, à la sacristie, les registres de l'état-civil à un officier municipal et à Bidon, procureur de la commune. Cependant, prié par les administrateurs du district d'Angers, de continuer ses fonctions ecclésiastiques dans la paroisse, il avait signé un acte de son acquiescement le 25 du même mois. Il fut embarqué sur *La Didon*, et déposé sur la rive de Santander. Nous ne savons point ce qu'il devint.

Quant à Pierre Legueu, vicaire de Saint-Augustin-des-Bois depuis le 3 mai 1788, il fut également expédié en Espagne sur la *Didon*, et fut interné à Oviédo. Plus tard, lorsque la paix fut rétablie en France, les habitants de Saint-Augustin-des-Bois se rappelèrent ce

digne prêtre. S'adressant au général Hédouville, chargé de la pacification des départements de l'Ouest, ils réclamèrent son retour,
dans une pétition qui fait honneur aussi bien
à ceux qui la signèrent qu'à celui qui en était
l'objet. Cette pièce n'est point inédite, puisqu'elle a été donnée par M. Paul Marchegay
dans la *Revue de l'Anjou*, mais elle rentre trop
dans notre sujet pour que nous puissions résister au plaisir de la reproduire :

« Au général Hédouville, — Exposent les
» habitants de la commune du Grand-Bois
» (Saint-Augustin-des-Bois), que le nommé
» Pierre Legueu, ex-prêtre déporté en Espa-
» gne, avait exercé les fonctions du culte ca-
» tholique dans ladite commune pendant l'es-
» pace de trois années, mais toujours avec le
» caractère d'un vrai citoyen français; pour-
» quoi les habitants vous en proposent la ré-
» clamation, pour avoir la satisfaction d'avoir
» parmi eux un homme digne de leur annon-
» cer la paix et l'union; et ce qu'octroyant,
» vous leur rendrez justice.

» Au Grand-Bois, le 9 germinal an VIII. —
» Douze signatures. »

En même temps, vingt-neuf parents, parmi
lesquels M. Legueu père, s'adressaient, de
Bouillé-Ménard, au préfet de Maine-et-Loire,
pour obtenir également sa rentrée dans sa

patrie (1). Il fut fait certainement droit à
d'aussi légitimes sollicitations.

Enfin, Pierre Barrier, curé de Saint-Sigismond, âgé de 55 ans, étant né à La Flèche,
en 1738, fut incarcéré dans les prisons de Laval. Il devint, le 11 avril 1793, avec dix de ses
collègues, le motif d'un arrêté du directoire
du département de la Mayenne, qui, d'après
les ordres du ministre de l'intérieur, ordonna
qu'ils seraient transférés dans la ville de
Bordeaux, puis déportés dans un lieu qui serait plus tard déterminé (2).

Entré le 14 avril à la maison commune de
la Patience, il en sortit le 16 et partit pour
Bordeaux ce jour-là (3).

Cet excellent prêtre avait, depuis le 19 novembre 1765, exercé d'abord à Saint-Sigismond l'office de vicaire, puis, à partir du 14
juillet 1778, celui de curé. Il y avait bâti le
presbytère actuel et n'avait cessé de rédiger
les actes de l'état-civil qu'après le 22 janvier
1792.

Son vicaire, Jean-Joseph Godard, était arrivé depuis fort peu de temps dans la paroisse,
lorsqu'on voulut exiger de lui le serment qu'il

(1) *Revue de l'Anjou*, 1854, tome Ier, p. 196.
(2) D. Piolin, *l'Eglise du Mans pendant la Révolution*, t. II, p. 257.
(3) D. Piolin, *idem*, t. II, p. 606.

refusa. Son premier acte est du 18 décembre
1790. Même durant l'époque la plus tourmen-
tée de la Terreur, il n'abandonna jamais la
contrée; il resta caché dans les fermes, et le
plus souvent dans un village de Saint-Sigismond, nommé le Bois-Briand, où il s'abritait
la plupart du temps dans un chêne creux.
Pendant la nuit, il parcourait les campagnes,
administrant les sacrements aux habitants des
paroisses voisines de Champtocé, de la Chapelle-Saint-Sauveur, de Montrelais, d'Ingrandes, de la Cornuaille et de Villemoisan.
Jamais il ne cessa un seul instant de tenir les
registres de ses actes. Il les signa constamment
du titre de vicaire de Saint-Sigismond jusqu'au
15 mai 1800. Un jour même, le 14 janvier
1795, le parrain d'un enfant qui lui fut amené
de la Chapelle-Saint-Sauveur, se trouva être
Marie-Paul-Alexandre-César, vicomte de Scépeaux, officier de dragons de Sa Majesté, dont
nous retrouverons fréquemment le nom dans
notre narration.

Nommé desservant de Saint-Sigismond au
Concordat, sur les instances pressantes des
habitants, à partir du 24 juin 1800, Jean-Joseph Godard est mort au milieu de ses paroissiens, le 19 décembre 1831, à l'âge de 68 ans.
Il était originaire de la Jumellière, canton de
Chemillé.

Pour Jeanne-Charlotte Métivier, de Saint-Clément-de-la-Place, ex-religieuse du Calvaire d'Angers, âgée de 37 ans, détenue à la prison des Carmélites, elle fut jugée le 14 floréal an II (3 mai 1794). Elle avait été arrêtée chez la citoyenne Marchant, rue Lancheneau, près le Ronceray. Elle fut déportée à Lorient et de là en Amérique (1).

Passons aux membres du clergé qui, par leurs actes, donnèrent aux catholiques de véritables sujets d'affliction.

Antoine Panay de Champotier, originaire de Saint-Magerand de Brout (Allier), fils de Claude et de Marie-Anne de Chambaraude, appartenait aux classes aristocratiques. Entré dans les ordres, il s'était fait religieux et avait été pourvu d'un vicariat à Villemoisan, puis de la cure de Saint-Augustin-des-Bois, sur la présentation de l'abbé de Saint-Georges-sur-Loire. Il en avait pris possession vers les premiers jours de mai 1784.

Ce qui prouve que, dès le commencement de la Révolution, il en adopta les principes complétement, c'est qu'à partir du 13 de juillet 1790, il tronqua même sa signature, renia son nom de Champotier et signa désormais

(1) M. Godard-Faultrier, *Le Champ des Martyrs.* — D. Piolin, *Souv. de la révolution*, p. 41.

Ant. Panay. En 1791 et 1792, il prêta tous
les serments possibles exigés par les législateurs de cette époque, et resta curé jureur de
Saint-Augustin, dont il tint les registres jusqu'au 27 novembre 1792. Elu membre du conseil général de la commune et officier public,
il continua encore leur rédaction après cette
date, à partir du 25 décembre suivant et jusqu'à l'époque de sa mort. Enfin, il donna le
scandale d'un mariage public à Saint-Augustin
même. Lui, qui était âgé de 52 ans, il épousa
une jeune ouvrière de 18 ans, Marie-Perrine
Brechet.

Cet acte est du 26 novembre 1793. Mais six
mois après, jour pour jour, le 26 mai 1794, il
périt assassiné, dit-on, par les chouans indignés de cette conduite, sur les sept heures du
soir, à l'entrée de la forêt Noire, dans le
champ Noir, près le chemin qui conduit dans
les bois. Panay avait été atteint de plusieurs
coups de fusil et frappé de divers coups de
sabre sur la tête.

Avec lui mourut René Audouin, maréchal
taillandier et officier municipal, son compagnon de route. Un troisième s'était enfui à
l'approche de leurs agresseurs et avait évité
une mort certaine. Du reste, il paraît que tous
avaient été avertis officieusement du sort qui
leur était destiné. Aucun d'eux n'avait voulu

en tenir compte, et tous les trois avaient été passer la journée du 26 mai à Angers, pour affaires. Ils avaient seulement voulu éviter de se trouver trop tard en route, et c'est vers sept heures du soir, alors que la nuit n'était pas encore venue, qu'ils avaient été atteints. Audouin, âgé de 55 ans, avait été frappé d'un coup de fusil dans l'épaule droite; la balle était sortie en avant, après avoir traversé la poitrine.

Acquéreur des biens de la cure du Bon-Conseil de Saint-Augustin, qui avaient été vendus nationalement, Antoine Panay n'avait jamais cessé d'habiter son presbytère, qui devait être l'un des plus vastes et des plus agréables de la contrée. Son portrait, dessiné au temps de son mariage, y est resté pour perpétuer son souvenir. C'est un beau pastel, parfaitement conservé, qui rappelle fort bien les hommes de la fin du siècle dernier. Ses cheveux sont grisonnants et serrés en arrière pour former la queue traditionnelle. L'habit est gris; le gilet à rayures rouges et grises. La physionomie ouverte, épanouie et sereine, sans distinction toutefois, respire quelque chose de patriarchal et provoque la confiance. Les yeux sont peu ouverts; ils sont bridés. Mais les pommettes des joues sont saillantes, et les joues elles-mêmes sont couvertes d'une charmante teinte rosée et fleurie : c'est assurément l'aspect d'un brave curé, sinon d'un excellent père de famille.

Le curé de la Meignanne eut le même sort que Panay. Cette commune est à peu de distance de Saint-Clément-de-la-Place : nous nous trouvons donc autorisés à en parler.

Son nom était..... Baril : il avait prêté serment et était resté à sa paroisse (1). Le 17 octobre 1794, six chouans vinrent le trouver au moment de son dîner. Après avoir accepté son modeste repas et exigé de lui une certaine somme d'argent, ils lui fendirent le crâne de plusieurs coups de hache, le laissèrent à sa table et s'enfuirent.

De vicaire de la paroisse de Saint-Clément-de-la-Place, François-Etienne-Gilles Pouyet en était devenu curé le 4 août 1784. A partir du 18 juin 1788, il avait été secondé dans son ministère par Charles Pouyet, son neveu. Tous les deux prêtèrent les serments et demeurèrent dans leur presbytère. Le dernier acte de l'état-civil qu'il a signé comme curé, est du 23 décembre 1792. Le 27 du même mois, il tint les mêmes registres en qualité d'officier public et de membre du conseil général de la com-

(1) Manuscrit n° 643 de la bibliothèque publique d'Angers.

mune. Il nous est appris que le 7 avril 1794,
il contracta mariage avec Pauline Thouin,
originaire de la Trinité d'Angers. Lui-même
était né à Segré, le 2 février 1748. Il perdit
sa femme dès le 1er mai suivant. Afin de dissi-
muler son ancien état, il prenait alors le titre
de cultivateur.

Nous savons de plus que le curé Pouyet
mourut avant le retour de la paix.

Vicaire du Louroux-Béconnais vers le mois
de février 1774, Joseph-Marie de la Croix de
Beauvais, était curé de Bécon depuis le 26
mars 1777. Soumis aux lois constitutionnelles
et assermenté, il accepta, en février 1792,
avec Anne-Jacques de Meaulne, le titre d'as-
sesseur de la justice de paix de Saint-Clément-
de-la-Place, et plus tard les fonctions de maire
de la commune de Bécon. Cependant, lorsqu'il
vit qu'on exigeait de lui et de ses collègues la
remise de leurs lettres de prêtrise, il rétracta
ses serments et se jeta dans le camp des
chouans. Diverses considérations, sans doute,
le portèrent à prendre ce parti. M. de Scépeaux, son paroissien, rempli de déférence
pour son pasteur, lui offrait un asile à peu près
sûr dans sa propre localité, au milieu de son
camp de la Galicheraye, à moins de 2 kilomètres de son église et de son presbytère. Sa ré-
tractation, bien que le laissant sous le coup de

la défiance, lui assurait le respect des chefs et
des soldats. Il était heureux de rester auprès
des siens pour veiller encore sur eux. D'ailleurs, il y allait de sa propre vie et son frère
lui servait d'exemple.

Nous avons rencontré ce saint prêtre bien
des fois au presbytère de Bécon. Il était curé
de Saint-Macaire-en-Mauges et se nommait
Louis-Jacques Lacroix de Beauvais : les deux
frères étaient de Champtocé (1). Condamné à
mort comme réfractaire par le tribunal révolutionnaire d'Angers, il reçut sur l'échafaud,
le 1C juin 1794, la couronne du martyre. Interrogé qui il était : « J'ai l'honneur d'être prê-
» tre, répondit-il, prêtre de l'Eglise catholi-
» que, apostolique et romaine et non asser-
» menté. Je m'en fais gloire (2). »

Son frère n'eût pu répondre dans les mêmes
termes. Cependant après la dispersion des
camps militaires de Bécon et la soumission des
chouans, dont il s'était fait l'aumônier, il fut
arrêté et souffrit pour la foi. Conduit à Roche-
fort, il y devait être embarqué pour la Guyane.
Mais comme les bâtiments français ne pouvaient plus sortir des ports, bloqués qu'ils
étaient par les escadres anglaises, il fut trans-

(1) Un troisième frère, René, était sénéchal du
comté de Serrant.

(2) D. Chamard, déjà cité, t. 3, p. 615.

féré avec bon nombre de prêtres fidèles à l'île de Ré (1). Son arrivée à cette destination eut lieu le 31 août 1799 : il avait alors 50 ans.

A son retour, il fut encore curé de Bécon, jusqu'au mois de juillet 1800. Il se retira ensuite à Angers où il mourut vers 1830.

De ses deux vicaires, Joseph-Marie Estourneau et Gilberge, le premier avait comme lui prêté le serment en 1791. Ils durent rester ensemble quelque temps. Le second refusa le serment.

Enfin, il ne nous reste plus qu'à enregistrer les noms des religieux de l'illustre abbaye bernardine de Pontron, située dans la délicieuse vallée du Louroux-Béconnais.

Au moment de la Révolution, elle avait pour abbé commendataire, depuis janvier 1753 (2), Jacques-Guillaume Blondel, docteur de Sorbonne, chanoine scolastique de la cathédrale d'Avranches depuis le 24 mars 1777 et vicaire-général de l'évêché d'Evreux. Jamais il ne résidait dans son abbaye dont le prieur avait toute la responsabilité spirituelle

(1) Trévaux, *Histoire de l'Eglise d'Angers*, t. 2, p. 509.

(2) *Mercure de France*, janvier 1753, p. 195. — Manuscrit du docteur Cousin, curé de Saint-Gervais d'Avranches, t. 9, p. 25, à la bibliothèque publique d'Avranches.

et temporelle. L'abbé visitait fort rarement son monastère; seulement il avait un soin tout spécial pour s'en faire compter les revenus.

D'après les souvenirs locaux, les religieux qui étaient habillés en blanc étaient au nombre de huit à l'instant de leur dispersion. Les documents nous font défaut pour contrôler les souvenirs de quelques contemporains alors fort jeunes, et si nous ajoutons foi à ces déclarations ces moines étaient : D. Pequignot, prieur; D. Bressant, sous-prieur; D. Lamy ; D. Joseph Virot; D. Virot, son frère germain; D. Quartier; D. Denizeau et D. Veron.

La liste du manuscrit 643 de la Bibliothèque d'Angers donne seulement les trois noms de Pequignot, prieur; de Lamy et de Virault, bernardins à Pontron. Elle est bien évidemment incomplète.

Voici ce que nous savons au sujet de chacun de ces moines.

« Le 6 février 1792, Hortode, Heurtelou et » Nogeron, membres du Directoire du district » d'Angers, considérant que les moines de » Pontron se sont toujours comportés avec » franchise et loyauté dans la commune du » Louroux qu'ils habitent, tant avant la sup- » pression de leur maison que depuis, esti- » ment qu'il n'y a point lieu de les astreindre

» à la résidence exigée par l'arrêté pris le
» 1ᵉʳ février dernier. »

Par suite, dom Quartier se présenta à la
municipalité du Louroux et fit enregistrer sur
ses minutes cet acte tout favorable. Il paraît
qu'effectivement D. D. Pequignot, Joseph Virot, Quartier et la plupart des religieux étaient
restés les hôtes de M. de Robineau, acquéreur
de l'abbaye et de ses dépendances, et que celui-ci avait tenu à honneur d'assurer leur
tranquillité et leur indépendance. Ceux-là, de
leur côté, s'étaient mis en règle et avaient
prêté les serments exigés.

D'autre part, le directoire du district était
parfaitement prévenu en leur faveur. Il prenait, le 27 mars 1792, un arrêté conçu en ces
termes :

« Considérant que les ci-devant religieux
» de Pontron sont les premiers citoyens de
» notre département qui ont fait une offrande
» volontaire à la patrie ; qu'ils ont depuis tenu
» une conduite conforme à cette première dé-
» marche ; qu'ils ont géré avec zèle et fidélité,
» pour le compte de la nation, les biens dont
» ils avaient auparavant la possession comme
» ecclésiastiques ;

» Considérant que plusieurs fois leur con-
» duite exemplaire a reçu des éloges ;

» Considérant enfin que lors de l'inventaire

» qui fut fait dans leur maison, le 5 mai 1790,
» ils jurèrent fidélité à la nation, à la loi et au
» roi et qu'ils promirent de maintenir la Cons-
» titution, etc., etc.,

» Arrête que la délibération du département,
» relative aux prêtres insermentés, n'est au-
» cunement applicable aux sieurs Pequignot,
» Quartier et Virot, ci-devant religieux de ladite
» maison; en conséquence que leur liberté ne
» peut être restreinte d'aucune manière.

» Signatures : Hortode, vice-président, No-
» geron, Cherbonneau, Henry de Launay, se-
» crétaire, Viger, procureur syndic. »

Cet acte fut transcrit à la municipalité du
Louroux, le surlendemain 29 mars, ainsi qu'un
autre arrêté portant homologation de celui-ci,
par le directoire du département, pris le 20
juillet suivant, et signé Dieuzie, président,
Druillon, Boulhet, procureur général, et Bar-
bot, secrétaire général.

Ces pièces mettaient les religieux de Pontron à l'abri de toute crainte contre la déportation. Elles leur assuraient en même temps
un asile et des garanties contre toutes tracas-
series. Cependant il leur fallut encore se présenter le 12 septembre 1792, dans l'église pa-
roissiale du Louroux et, là, en présence d'une
assemblée nombreuse, jurer d'être fidèles à
la liberté et à l'égalité. Joseph Virot et Pierre-

François Pequignot, signèrent au procès-ver-
bal, avec Jacques Viau, maire, N. Avril, J.
Abraham, Paul Deniau, J. Boré, Julien Robin,
A. Breheret, procureur de la commune, F.
Chabert, G. Sernent-La-Roche, B. Grandin, P.
Pineau, Ollivier Piquet, Goisnard, R. Guimier,
R. Livenais, Rabin, C. Bource, Rivière, Bodet,
Aubri, Echalié, René Patrin, Cherouvrier,
Froger et René Huet.

Un autre ecclésiastique, retiré à Pontron,
depuis le 9 juin 1791 jusqu'au 26 juillet 1792,
n'ayant pas voulu subir les mêmes humilia-
tions, avait dû partir pour Nantes à cette dernière date et de là il avait été transféré en Espagne, le 21 décembre. Son nom était Pierre-
Marie Letourneux. Il était âgé de soixante-
deux ans, prêtre et curé de Saint-Hilaire, district de Paimbœuf (Loire-Inférieure). Ce malheureux vieillard était venu se réfugier chez
M. Joseph de Robineau, avec une sœur aînée
nommée Louise-Sidonie Letourneux, âgée de
soixante-six ans. Elle s'était enfuie de Pontron
à la fin d'août, à la nouvelle de l'incarcération
de son frère.

DD. Pequignot et Virot reçurent plus tard,
le 15 avril 1794 (26 germinal an II), deux
jours après le passage au Louroux du terrible
Bougère, un certificat de civisme, qui leur fut
délivré par les autorités locales.

C'étaient, du reste, des citoyens dignes sous tous les rapports de la confiance publique et qui, au besoin, savaient donner des preuves de courage.

Un jour, le 5 mai 1794, l'alarme se répand à Pontron qu'une cinquantaine de *brigands* se portaient sur La Cornuaille pour y tenter un coup de main. Pequignot aussitôt rassemble ses domestiques et tous ses voisins. Il leur distribue tout ce qu'il trouve sous sa main, et, à défaut de fusils, les arme de brocs et d'autres instruments aratoires. Il part immédiatement à leur tête et se précipite avec eux vers le bourg de La Cornuaille, lorsqu'ils rencontrent Jean Chabert, envoyé en ordonnance pour rassurer les populations. Sur le rapport de cet acte de courage et de civisme, les officiers municipaux du Louroux rédigèrent un procès-verbal et consignèrent à l'éloge du vaillant religieux les témoignages et les remerciements les plus flatteurs. L'original lui-même lui en fut remis, et la copie seule est transcrite sur les registres de la commune.

Dom Joseph Virot était originaire de Dijon. Il mourut à Pontron, le 8 juillet 1798.

Et fut enterré le lendemain au Louroux.

D. Marc-Antoine Lamy mourut également avant le concordat.

Claude-Joseph Quartier, devint vicaire du

Louroux à la réouverture des églises; il dé-
céda dans cette paroisse le 2 janvier 1808, à
66 ans.

Quant à D. Pequignot, désormais il put jouir
de sa solitude de Pontron et de l'hospitalité
généreuse de son bienfaiteur. Il vit beaucoup
de ses collègues revenir de l'exil. Après avoir
bien certainement rétracté ses serments, il ne
se résigna jamais à quitter Pontron. Prieur de
cette maison, aux dépens de toutes les tran-
sactions possibles, il avait voulu y vivre et y
mourir comme si les révolutions n'avaient
point renversé les autels de l'abbaye si renom-
mée. Heureux d'y avoir rencontré une amitié
sincère et dévouée, à laquelle il répondit par
la générosité d'un grand cœur, il renonça aux
vains honneurs et à une haute position qu'il
eût pu se faire certainement dans le clergé et
peut-être dans l'épiscopat. Il aima mieux rendre paisiblement le dernier soupir *dans son
abbaye*, dit l'acte de son décès et sa pierre
tombale, avec son inscription, n'est que l'expression réelle des souvenirs qu'il a laissés
dans ce pays. Nous la copions :

« Ci-gît dom Pequignot, prieur de l'abbaye
de Pontron, de l'ordre de Cîteaux, né a
Bettancourt, l'an 1742. Sa vie fut consacrée
a l'exercice de toutes les vertus chrétiennes.

5

Depuis 1790, il devint l'hôte et l'ami de la famille de Robineau, qui lui a consacré ce monument. Il est mort a Pontron le 27 novembre 1818.

» Son exemple, ses vertus et ses bienfaits seront longtemps présents a la mémoire des habitants du Louroux. »

CHAPITRE III.

Lors de la convocation des Etats-Généraux de 1789, les trois ordres de la Sénéchaussée d'Anjou avaient tenu leurs premières séances à Angers, le 18 mars.

La noblesse de la région du Béconnais, fort nombreuse alors, et qui habitait ses châteaux, comprenait les personnages suivants :

Mme Françoise Cassin, veuve de Gabriel-François Amys du Ponceau, dame de Saint-Sigismond et de Villemoisan, à Villemoisan.

François-Marie Bidon, seigneur de la Prévôterie, au Louroux-Béconnais.

Marie-Paul-Alexandre-César de Scépeaux, seigneur du Bois-Guignot, à Bécon.

Louis-Marie-Eugène de Ghaisne, seigneur

de Bourmont (1), La Cornuaille et Freigné, chevalier de Saint-Louis.

Mathurin-René Hullin, seigneur de la Coudre, à Villemoisan.

Jacques-Armand-Louis de Lancrau, seigneur de Piard, au Louroux-Béconnais.

Gilles-René de Meaulne, seigneur de Landeronde, à Bécon.

Louis-Pierre-Ambroise de Meaulne, seigneur de la Perrière, à Saint-Augustin-des-Bois.

René-Pierre-Gaétan de Meaulne, seigneur de la Haute-Bergère, à Saint Augustin-des-Bois.

Charles-Pierre-César-Prosper de Mergot de Montergon, seigneur de la Verrie, et Claude-Augustin de la Grange, seigneur de Vernoux, au Louroux-Béconnais.

Anne-Jacques de Meaulne et dame Marie-Louise de Varice, veuve de Louis-Gaétan-Balthazar de Meaulne, dame de la Carterie, à Bécon.

René-François Simon, seigneur de Villegontier, à la Cornuaille.

Pierre-François Simon, seigneur de Villegontier et de la Lointhière, chevalier de Saint-Louis, à la Cornuaille.

(1) C'est le père du maréchal de Bourmont.

Louis-Henri Simon, seigneur de la Besnardais, à la Cornuaille (1).

Personne n'ignore que les Etats-Généraux devinrent l'Assemblée constituante et que c'est elle qui, après avoir aboli le régime féodal, jeta les bases de notre organisation politique actuelle, perfectionnée plus tard en l'an VIII. C'est à elle que remonte la formation des districts, des cantons et des communes. Les maires, avec leurs conseils municipaux, constituèrent la base du système nouveau. Les justices de paix concentrèrent les intérêts judiciaires de chaque canton. Les gardes nationales furent investies de la défense du territoire; elles représentèrent la force militaire. Les uns comme les autres étaient élus par les suffrages directs de leurs concitoyens. Il semble même que l'on ait voulu entourer d'un certain respect ces représentants des libertés civiles et surtout ces hommes qui sont les héritiers des anciens baillis et dont les fonctions sont toutes paternelles. Leur élection et leur installation sont solennelles. C'est sous le vestibule de l'église et en présence des habitants

(1) *Journal de Maine et Loire*, 1862. — M. de Soland, *Bulletin historique et monumental de l'Anjou*, 1864. — MM. de la Roque et de Barthélemy, Catalogue des Gentilshommes d'Anjou.

assemblés que l'on y procède d'abord. Bientôt ce sera dans le temple lui-même que se feront ces opérations, lorsque le clergé aura, lui aussi, prêté les serments constitutionnels et apporté son concours actif à l'existence civile des peuples.

Nous n'avons point vérifié si les lois et les décrets ne donnaient à chacun de ces magistrats que le laps d'une année pour l'exercice de leurs fonctions. Mais nous avons remarqué que pendant le cours de la révolution et surtout de celui de la Terreur, les élections étaient fréquentes et que les hommes paraissent avoir été promptement usés au contact de la popularité ! Il semble que, comme le Saturne de la fable, le régime de la violence, qui domina durant quelques années, dévorait ses créatures et ses favoris. Par ce motif, nous avons tenu à dresser les listes de quelques-uns des fonctionnaires de ces dix années dont nous parcourons les annales. En général, les nomenclatures offrent peu d'intérêt, mais pour pouvoir être complet dans notre tentative de restauration historique, nous sommes obligé de faire connaître les hommes qui ont vécu à cette époque.

JUGES DE PAIX DU CANTON DU LOUROUX-BÉCONNAIS
ET DE LA CORNUAILLE.

1790-1792. — Livenais, Jean-René, notaire
au Louroux. Elu le 14 octobre 1790; installé
le 26 décembre 1790.

1792-1794. — Bidon, François-Marie. D'a-
bord commandant de la garde nationale du
Louroux, puis procureur de la commune. Elu
le 9 décembre 1792; installé le 25 décembre
suivant.

1794-1797. — Abraham, Jean. Précédemment secrétaire de la municipalité du Louroux. Installé juge de paix le 5 juin 1794.

1797-1802. — Gratien, Marc. Il avait été
juge de paix du canton de Saint-Clément-de-
la-Place. Nommé juge de paix du Louroux,
par arrêté du Directoire exécutif, le 14 janvier
1797, il fut installé le 13 février suivant. Lorsqu'il cessa ses fonctions, le 22 mars 1802, il
devint greffier de paix.

JUGES DE PAIX DU CANTON DE SAINT-CLÉMENT-
DE-LA-PLACE.

1790-1794. — Gaudin, Symphorien-Jacques.
Nous l'avons trouvé avec la qualification d'offi-
cier du district d'Angers, le 26 septembre 1790.
Juge de paix du 21 décembre 1790 au 5 septem-

bre 1794. Il habitait aux Brosses, en la commune
de Saint-Clément.

1794-1796. — Gratien, Marc. Il fut commandant de la garde nationale de Bécon, greffier
de la justice de paix de Saint-Clément et juge
de paix du même canton, depuis le 22 septembre 1794. Malgré la suppression de cet
office, il continua encore pendant presque une
année à Saint-Clément et jusqu'à la réorga-
nisation des nouveaux cantons l'exercice de
ses fonctions. Sa demeure était au prieuré de
Sainte-Catherine de Bécon. Il passa ensuite au
Louroux.

MAIRES DU LOUROUX-BÉCONNAIS.

1789-1791. — Boré, Jean, maire à la fin de
1789 jusqu'au 2 octobre 1791. Le 26 août 1792,
il était administrateur du district d'Angers,
avec Bellanger, Villiers, Aubry, Geslin, Gri-
mault, Latté, Hunault, Joubert-Bonnaire et
Poitrineau.

1791-1795. — Viau, Jacques, maire dès le
27 novembre 1791. Réélu le 16 décembre
1792.

1795. — Mellet Pierre, maréchal-taillandier,
installé maire le 24 juillet 1795.

1797. — Livenais, Jean-René, ancien juge

de paix, président de l'administration municipale du canton, le 22 septembre 1797.

1797-1800. — Abraham, Jean, ancien juge de paix, président de l'administration municipale du canton, du 2 septembre 1797 à juillet 1800.

MAIRES DE VILLEMOISAN.

1790. — Tudoux, Maurice, élu le 8 février 1790.

1791. — Carie, Jacques, élu le 20 novembre 1791.

1792. — Lory, Jean, élu le 16 décembre 1792.

1793. — Guérin, Julien, membre du conseil général de la commune. Maire en 1800.

GARDE NATIONALE DU LOUROUX-BÉCONNAIS.

1790-1792. — Bidon, François-Marie, commandant en chef.

1794. — Lair, commandant en chef.

1790. — Duhoux, René, commandant en 2e.

1793. — Lair, id.

1790-1794. — Thouin, Pierre-Jean; Avril, Nicolas; Grandin, Bonaventure; Lair, Jean, capitaines.

1790-1793. — Saint-Sernent-Laroche, Gas-

pard, maître en chirurgie; Abraham, Jean;
Deniau, Paul; Deraspiller, Jean-Xavier-Augustin; Renier, ..., lieutenants.

1790. — Pineau, Protais; Lair, Pierre; Lair,
Jean; Boré, François, fils, sous-lieutenants.

Rien ne nous serait plus facile que de multiplier ainsi nos nomenclatures et de donner
les listes de la plupart des fonctionnaires dans
toutes les communes de ce canton. Celles qui
précèdent nous suffisent pour justifier combien
les esprits étaient mobiles et combien de fois
on eut recours aux scrutins d'élections.

L'un d'eux eut un intérêt plus général, le
26 août 1792. Ce jour-là les électeurs du canton se réunirent en assemblée primaire dans
l'église du Louroux, pour y procéder à la nomination de ceux qui devaient élire les députés à la Convention nationale. Les élections
avaient effectivement deux degrés : l'un au
canton, l'autre au département. Les électeurs
du canton du Louroux, qui furent désignés,
furent : MM. Bidon, commandant de la garde
nationale; Aubry, maire de la Cornuaille;
Boré, administrateur du district d'Angers;
Charlet, jeune, adjudant du bataillon cantonal,
et Jean Lair, capitaine de la garde nationale.

Puisque nous rencontrons encore une fois
sous notre plume le nom de François-Marie

Bidon, dessinons son portrait promptement, car cet homme a joué l'un des rôles principaux dans notre contrée.

Né le 10 février 1758, à Angers, il était fils de M. Armand-François Bidon, écuyer, seigneur de la Prévôterie, et de dame Charlotte-Marie de Roye. Il venait d'atteindre sa 34e année lorsqu'il prit rang dans l'ordre de la noblesse pour la convocation des Etats-Généraux de 1789. Si les principes proclamés alors ne gagnèrent point ses sympathies, il ne le fit point paraître, et il accepta dès l'organisation le grade de commandant de la garde nationale du Louroux. En même temps, il fut nommé procureur de la commune. Obligé de se rendre pour affaires d'intérêt à Paris, il devint l'objet d'un rapport qui le représenta comme émigré. Sa naissance le mettait en suspicion : il se vit contraint de réclamer le concours de de Houlières, Clémenceau, Joseph Delaunay et Choudieu, députés de Maine-et-Loire à l'Assemblée nationale. Ces messieurs affirmèrent, le 22 mars 1792, au comité révolutionnaire d'Angers, que l'intention de leur compatriote était de retourner prochainement habiter sa propriété de la Prévôterie. En même temps, ils se portaient garants de son patriotisme et de sa loyauté. Quelques jours plus tard, le 5 avril, il se faisait délivrer de plus un certificat

de résidence à Paris, rue de Richelieu, hôtel
Menars, n° 64. Le 9 décembre suivant, il était
élu aux fonctions de juge de paix du Louroux,
par 105 suffrages sur 179 votants, et il recevait pour assesseurs Protais Pineau, Joseph
Morton, Abraham fils, Boré aîné, Louis-
Henri Simon (de la Besnardais), Louis Gigaut,
Laurent Livenais et Talour, fils. Sa prestation
de serment et son installation eurent lieu le
25 décembre 1792.

Il nous est impossible d'entrer dans de longs
détails; notre cadre ne nous le permet pas.
Nous verrons plus tard Bidon déployer deux
fois une énergie peu commune en présence
de l'émeute et de l'insurrection. Il était de fort
grande taille, mince, bien fait de sa personne,
d'une figure grave et imposante au milieu de
la foule tumultueuse.

Bientôt il eut à remplir le pénible devoir de
faire procéder à l'arrestation de l'ancien et
vénéré pasteur du Louroux, l'abbé Pinot. C'é-
tait la mission qu'il avait reçue et il s'en ac-
quitta, nous voulons le croire, avec le calme
et la mesure que comportaient les circonstances. On pourra nous objecter quelques expressions dictées par lui dans son procès-
verbal de saisie de ce saint prêtre et des objets
du culte qu'il avait avec lui. On nous parlera
d'hosties consacrées auxquelles il a donné la

qualification de *petits bons dieux* (1) ; mais pour
qui a parcouru les écrits de cette époque,
pour qui a jeté un coup d'œil sur quelques
autres pièces de même genre, ces spécifica-
tions n'ont point lieu de surprendre, puisqu'elles étaient à l'ordre du jour et qu'on les
retrouve partout.

D'ailleurs, en présence de la conduite cons-
tante d'un homme, en face surtout de ses actions généreuses, de ses réparations posté-
rieures, il y a lieu d'oublier et surtout d'excu-
ser, car Bidon, qui appartenait aux anciennes
classes privilégiées, eut positivement payé de
sa propre tête une syllabe, un *iota* qui eût ré-
vélé chez lui la peur ou un signe quelconque
de commisération pour un prêtre réfractaire
aux lois de son pays. Il le savait d'autant
mieux qu'au mois d'avril 1794, tandis qu'il
était encore juge de paix, il fut de nouveau
le sujet de la défiance du comité de salut public.
Les municipalités du Louroux et de la Cornuaille, ainsi que le comité de surveillance
cantonale prirent chaudement la défense de

(1) Le procès-verbal d'arrestation portait : « Ordon-
» nons que les chasubles, calices, petits bondieux et
» autres joujoux de cette espèce, seront aussi trans-
» portés au comité. » M. Berriat-Saint-Prix, *la Justice
révolutionnaire*, t. X, p. 317. — M. de Soland, *Bulletin de l'Anjou*, 1868, p. 368.

6

leur magistrat dans des termes parfaits de convenance. Les membres qui les composaient rendirent un hommage public et flatteur à son patriotisme et à son caractère conciliant et paternel. De nombreux actes de générosité furent même dévoilés. L'on ne crut pas devoir cacher que maintes fois les gardes nationaux avaient été largement récompensés par lui lorsqu'ils avaient fait des captures. Bidon avait armé de ses propres deniers des défenseurs de la patrie, équipé de pied en cap deux grenadiers de la commune du Louroux, et fait don à la nation d'un superbe cheval. Il resta donc au milieu de ses justiciables, qu'il continua de diriger pendant encore quelques semaines.

Puis, sans doute attristé par ces dénonciations, il se retira à l'écart pour s'occuper exclusivement de ses chevaux et d'agriculture. Il avait obtenu, en effet, le 18 juillet 1793, de Ruelle, de Jullien et de Richard, représentants du peuple près l'armée des côtes de La Rochelle, réunis en commission à Angers, l'autorisation d'établir un haras à la Prévôterie. De mœurs fort douces, la vie paisible des champs devait mieux lui convenir que celle des fonctions publiques au milieu des angoisses dont chaque jour lui apportait son contingent. Cependant au Consulat , il reprit de nouveau son siége de juge de paix du canton du Louroux, et il se fit installer le 22 mars 1802 dans cette fonction qu'il exerça durant dix années. Nommé membre du Conseil de l'arrondissement d'Angers, il devint enfin conseiller de préfecture dans cette même ville, jusqu'en 1815.

Après l'incendie de l'église et du presbytère du Louroux, au mois de mai 1794, Bidon en avait acquis les emplacements et les matériaux. Au Concordat, il s'empressa de les offrir en pur don à la commune, avec les cours et les jardins qui en dépendaient. Le 26 avril 1803, il en renouvela l'abandon dans les termes les plus précis, qui furent ratifiés par le gouvernement d'après un acte d'acceptation du 21 janvier 1804. Sa belle position de fortune lui permettait de pouvoir faire un aussi beau cadeau à un pays qu'il affectionnait assurément et dans lequel son nom est toujours respecté.

Lorsqu'il eut vendu son château de la Prévôterie il se retira aux Fouassières près d'Angers où il est mort le 29 février 1828.

Tous et chacun de ces fonctionnaires publics avaient pour mission de veiller au salut des citoyens et à la sûreté du pays. Leur rôle fut souvent bien difficile. Car il faut tenir compte de l'exigence des temps et personne n'ignore

que s'il y eut des abus énormes à l'époque de
la terreur révolutionnaire, il y avait aussi nécessité de bien des réformes et de nombreuses
répressions. La présence des représentants du
peuple fut souvent nécessaire dans les provin-
ces. Fréquemment encore, les maîtres du pouvoir furent trompés.

La présence au Louroux, le 13 avril 1794,
de Bougère, l'un des membres du comité révolutionnaire d'Angers, doit nous indiquer
l'exécution de mesures sévères dans la contrée. Elle eut, tout du moins, pour résultat im-
médiat l'arrestation de cinquante personnes :
les conséquences en furent sans doute terri-
bles pour plusieurs d'entre elles.

Copions, afin de montrer l'authenticité de
nos preuves :

« 1° Angers, le 23 germinal, an 2 de la Ré-
» publique.

» Les membres composant le comité de sur-
» veillance et révolutionnaire établi à Angers
» par les représentants du peuple ;

» Requièrent leur collègue Bougère de se
» rendre dans les communes du Louroux-Bé-
» connais, la Cornuaille et voisines, à l'effet de
» se concerter avec les municipalités, pour
» mesures de sûreté publique.

» Il est autorisé à requérir la force armée si
» si elle lui est utile pour lui aider à ses opé-

» rations. Pourquoi nous requérons toutes les
» autorités constituées civiles et militaires de
» lui prêter aide et assistance en cas de be-
» soin.

» Signatures : Bunel, président ; Bossé, se-
» crétaire ; J. Bougère et Mordret. »

« 2° Au nom de la loi,

» Le commissaire du comité révolutionnaire
» d'Angers et les officiers municipaux de la
» commune du Louroux-Béconnais, requièrent
» le citoyen Baudy, commandant la force armée
» en station à la Cornuaille, sous sa responsa-
» bilité, de faire rendre de suite au bourg du
» Louroux-Béconnais, au moins vingt hommes
» d'armes pour aider à la garde nationale qui
» n'est pas suffisante, afin de garder cinquante
» personnes suspectes arrêtées dans la maison
» commune du Louroux.

» Donné par nous en notre chambre com-
» mune, le 24 germinal, an 2 de la Républi-
» que.

» Signatures : Jacques Vian, maire ; P. Pi-
» neau, officier municipal ; J. Abraham, offi-
» cier municipal ; R. Guimier ; J. Bougère,
» membre du comité d'Angers ; Abraham fils,
» secrétaire. »

On peut juger si le commissaire y allait de
main morte. Ces cinquante suspects furent
enfermés dans l'église, nous a-t-on dit, et la

plupart subirent immédiatement un interrogatoire sommaire. Le même jour, trois femmes furent cependant relâchées provisoirement. Ce furent : la fille de Jacques Pineau, tailleur ; Renée Chartier, servante d'Abraham, officier municipal, et la femme Corbeau. Des quarante-sept autres, trente-huit durent, d'après les archives du greffe de la Cour impériale, être dirigés vers Angers, comparaître devant le tribunal révolutionnaire, et, tout au moins, subir une dure détention dans les prisons qui regorgeaient de monde et étaient infectées de maladies épidémiques. Plusieurs d'entre eux peut-être périrent sur l'échafaud ou au Champ des martyrs : nous sommes loin de connaître toute la vérité sur ces mystères. Dans ces chiffres figure la femme Oury, comme femme de brigand. Son mari, Mathurin Oury, métayer à Moiron, était effectivement mort au combat de Dol, le 19 novembre 1793, au milieu des insurgés. Un certain nombre aussi mourut dans les prisons d'Angers, et tout nous porte à croire que la plupart des noms suivants appartiennent à ceux qui furent arrêtés par les ordres de Bougère :

1° La fille Alin, 49 ans, du Louroux-Béconnais, maîtresse d'école, décédée en prison. Elle avait déclaré qu'elle préférait mourir plutôt que de faire le serment ;

2° François Lelarge, 60 ans, né au Louroux, mort à la citadelle d'Angers, le 30 avril 1794;

3° René Guillot, 53 ans, métayer à Villepierre, au Louroux, mort à la citadelle, le 9 mai 1794;

4° Mathurin Lequeux, closier à la Glenais, au Louroux, mort à la citadelle, le 11 mai 1794;

5° Louis Soloué, 45 ans, du Louroux, mort à la citadelle, le 12 mai 1794.

6° Louis Girard, 54 ans, métayer à la Bourmaudais, au Louroux, mort à la citadelle, le 3 juin 1794;

7° N. Chemineau, âgé de trois semaines, du Louroux, mort à la prison des Carmélites, le 8 juin 1794;

6° Pierre Lequeux, 51 ans, closier à Moiron, au Louroux, mort à la citadelle, le 12 juin 1794;

9° La veuve d'Emmanuel Meignan, du Louroux, 54 ans, morte le 24 juin 1794;

10° La femme Renée Fortin, 38 ans, de la Cornuaille, morte le 26 juin 1794;

11° Clau ine Jollivet, femme, 49 ans, de Bécon, morte le 5 juillet 1794;

12° Pierre Huet, époux de Perrine Alusse, 53 ans, du Louroux, mort à la citadelle, le 21 juillet 1794;

13° Perrine Alusse, femme de Pierre Huet,

40 ans, du Louroux, morte le 22 juillet 1794;

14° La veuve Claude Thoreau, 60 ans, du Louroux, morte le 24 juillet 1794.

Après ces détails, l'on peut dire sans crainte que le canton du Louroux a payé un tribut bien fort et pris une bien large part dans le nombre des victimes de la Terreur.

Nous sommes certains de ces chiffres et de ces noms que nous ont révélés les registres de l'état-civil. Nous ne hasardons rien; nous écrivons avec les actes de décès sous les yeux, après les avoir parcourus dans les communes de notre canton. Combien n'en ont pas en peut-être !!!

CHAPITRE IV.

La formation du premier bataillon des volontaires de Maine-et-Loire remonte aux 13
et 14 septembre 1791. Les compagnies furent
organisées le 15. Elles comprirent les jeunes
soldats suivants, qui tous appartiennent au
canton.

1ʳᵉ compagnie. Jean Livenais, caporal, du
Louroux.
— Jacques Faucheux, volontaire, du Louroux.
3ᵉ — Julien Collet, volontaire, de
St-Clément-de-la-Place.
4ᵉ — François Boré, sergent, du
Louroux.
6ᵉ — Etienne Jubin, volontaire,
de St-Augustin-des-Bois.

7ᵉ compagnie. Jean-François Boré, lieutenant, du Louroux.

— Louis Barreau, volontaire,
de St-Augustin-des-Bois.

Il fut fait plusieurs autres appels au pays
et divers bataillons furent formés successive ·
ment.

Nous n'avons pas tous les actes d'enrôle-
ments que nous aurions désirés; cependant,
nous savons que, le 3 avril 1793, trente-deux
jeunes volontaires se firent inscrire sur les
rôles de l'armée. Leurs noms nous ont .été
conservés. Ce sont :

Aubin Turpeau, à la Glenais. — Jean Bros-
sais, compagnon charpentier. — Jacques Freu-
lon, à la Servangerais. — Jean Augereau, à
Chantelou. — Jean Faucheux, au bourg. —
Jacques Vitour, à la Marinière. — Jean Fer-
raud, à Lensudais. — Jean Guilloux, à Moi-
ron. — Jean Aubert, à la Maraicherie. — Jean
Tourneux, au bourg. — Jean Lambert, à La
Rastrie. — Laurent Gilot, à La Pinelière. —
Jacques Esnault, à Vernou. — Etienne Fran-
geul, serger. — Julien Guillet, au Bois-Pi-
neau. — Louis Girard, à La Bourmaudais. —
Mathurin Boin, à La Tapellerie. — Michel
Morineau, à La Haute-Bergerie. — Nicolas
Gardais, aux Basses-Morinières. — Julien

Bernard, au bourg. — Pierre Trillot, à La Mornais. — Pierre Fromy, à la Marinière. — Pierre Viot, à Availlé. — Pierre Bourgeais, au bourg. — Pierre Boivin, au Pé. — Toussaint Fromont, fendeur. — René Chevalier, au Grand-Quinzé. — René Taillandier, au bourg. — Pierre Nepveu, à La Fincière. — Pierre Marçais. — Pierre Giraud, à La Pasquerie. — Pierre Placé, à La Varenne.

Dans cette liste, qui appartient tout entière à la commune du Louroux, ne figure pas Jacques-Michel Lainé, qui, bien probablement, partit également comme volontaire.

Né au bourg du Louroux-Béconnais, le 5 septembre 1755, et fils de Henri Lainé, marchand-aubergiste, il devint colonel du 12e régiment d'infanterie légère et officier de la Légion d'honneur. Il avait ce grade lorsqu'il mourut à Nantes, rue Crébillon, n° 10, le 28 mars 1805.

De tous les autres volontaires du canton du Louroux que nous avons signalés, le seul qui ait obtenu un grade supérieur est Jean-François Boré. Il était né dans la commune du Louroux, le 3 janvier 1768 et fut élu sous-lieutenant de la garde nationale dès son origine. Parti pour l'armée au premier appel, à la formation des cadres du 1er bataillon des volontaires de Maine-et-Loire, il y fut incorporé d'abord avec le titre de lieutenant de la 7ᵉ compagnie. C'était, à ce qu'il paraît, un magnifique officier, le plus beau peut-être de tous les hommes de son département. Ces avantages physiques, joints à une extrême bravoure et à des talents qui furent bientôt reconnus, le conduisirent promptement au rang de commandant.

L'histoire du 1ᵉʳ bataillon de Maine-et-Loire a été longuement écrite par F. Grille. Le mieux est d'y renvoyer. Pourtant nous pouvons dire que le 2 septembre 1795, au combat de Saint-Barnouil, le lieutenant Boré fut distingué entre tous par des traits de la plus haute valeur. Le général en chef Kellermann s'empressa de consigner son nom dans son rapport, mis à l'ordre du jour (1).

A la formation des demi-brigades, le bataillon de Maine-et-Loire devint le 1ᵉʳ bataillon de la 85ᵉ. Elle fit partie de l'armée d'Egypte. Ce fut dans les Alpes que Boré, alors chef de bataillon, fit mettre bas les armes à un régiment autrichien tout entier (2).

A sa retraite, Jean-François Boré fut nommé percepteur d'Angers. Il est mort en cette ville vers 1817.

(1) Panckouke, *Victoires et Conquêtes*, t. X, pag. 272.
(2) F. Grille, *Le bataillon de Maine-et-Loire*, t. IV, pag. 455.

CHAPITRE V.

§ 1er. — Armée vendéenne ; défaite de Savenay. — Organisation de la chouannerie. — M. de Scépeaux. — Emeute au Louroux-Béconnais , le 6 janvier 1794. — Incendie du Louroux-Béconnais , le 23 mai 1794.

Le passage de la Loire par l'armée Vendéenne s'était opéré le 18 octobre 1793. Tandis que le corps principal prenait la direction d'Ingrandes, puis de Candé, une forte colonne occupait le bourg de Saint-Georges, menaçant de là la sûreté de la ville d'Angers. Elle y passa la nuit du 19 au 20. Puis rassemblant l'arrière-garde ralliée à Saint-Augustin-des-Bois, afin d'y réunir les traînards, elle prit aussitôt le chemin de Candé, suivant la grande route d'Angers à Rennes, par Bécon et le Louroux-Béconnais. La faible garnison de Candé n'avait opposé qu'une très faible résis-

7

tance , et le premier séjour des Vendéens en Anjou fut marqué par les honneurs funèbres qu'ils rendirent à la mémoire de l'illustre Bonchamp, dont la perte était bien profondément sentie (1).

Incidemment , ce canton se trouva ainsi mêlé dès le début de la guerre aux événements qui allaient bientôt ensanglanter le pays. Mais il est facile de dire aussi de prime-abord que l'un des chefs secondaires de l'armée royale était le vicomte de Scépeaux du Boisguinot, de Bécon. En dirigeant ses troupes , il avait su leur faire prendre une ligne parfaitement connue de lui. C'est également à ce capitaine que l'on doit, sans la moindre hésitation, attribuer plus tard l'organisation de la chouannerie dans toute la contrée comprise entre Angers et Segré, dont il fit le centre de ses opérations. Dans ses marches et contre-marches nombreuses , les cantons de Saint-Clément-de-la-Place et du Louroux-Béconnais furent presque toujours le pivot qui servit à ses plans , et Bécon le quartier général d'observation d'où il surveillait attentivement la ville d'Angers. Ajoutons qu'il trouvait au surplus dans ces localités de puis-

(1) Alph. Beauchamp, *Histoire de la guerre de la Vendée et des Chouans*, tome II, page 13.

sants moyens d'action, par l'influence de sa famille, de ses proches, de ses métayers et de leurs relations d'affaires. Aussi, la chouannerie, tout en déplaçant de temps à autre ses campements afin de ne pas se laisser surprendre, put-elle résister pendant plusieurs années aux nombreuses troupes régulières qui furent envoyées pour les disperser et les combattre.

Nous n'essaierons pas de rattacher notre récit aux faits généraux de ces guerres désolantes qui ont été décrites bien des fois : nous ne cherchons à grouper ici que des faits spéciaux et tout privés qui intéressent notre canton. Nous rappellerons ainsi qu'après le désastre de Savenay, le 23 décembre 1793, deux vénérables prêtres furent pris dans une des fermes du Louroux-Béconnais, et, nous assure-t-on, avec eux plusieurs soldats vendéens, ainsi que quelques gentilshommes. Tous furent menés à Angers et périrent les uns sur l'échafaud, les autres dans les fusillades du Champ des Martyrs. Sans pouvoir rien préciser, nous pouvons dire que ces assertions nous paraissent fort vraisemblables. Peut-être est-ce dans ces mêmes circonstances, — car nous ne saurions être affirmatif, — que sept jeunes gens de St-Clément-de-la-Place qui se seraient joints à l'armée royaliste, auraient été pris les armes à la main et vaincus. Ils furent fusillés au Port de l'Ancre, à Angers, par quinze gendarmes (1), avant les 12 et 15 janvier 1794. Le rapprochement des dates nous permet d'établir cette supposition.

Vers le même temps, plusieurs cultivateurs du Louroux-Béconnais trouvèrent des armes abandonnées dans les champs. Le 27 décembre 1793, Chabert fit la déclaration d'un fusil. Le 9 janvier 1794, deux fusils et une giberne furent trouvés par Mouton et Boizard, garde-champêtre ; le 26 du même mois, Mouton en rencontra un autre à la Péhurie ; Gourdon un cinquième à la Nevourie et le 5 février, Guérin un sixième à Vernou.

Toujours est-il qu'à peine la nouvelle de la destruction de l'armée de la Vendée venait d'être proclamée à la tribune de la Convention, on y entendit parler de la naissance et des progrès de la chouannerie. On connut bientôt son organisation. Sarrazin commanda les rassemblements de la forêt de Combrée ; des Loges ceux de Genêt, Brains et Marans ; le canton de Segré eut pour chefs de Meaulne et le chevalier de Turpin ; Gourley dirigea les insurgés de Maumusson ; ceux de Châteauneuf le furent par l'intrépide Coquereau et ceux de

(1) M. Godard-Faultrier, *Le Champ des Martyrs*, p. 120.

Juigné par Duparc. L'organisation d'Amédée
Bejari et du chevalier de Caqueray, qui s'é-
tendit du côté de Rennes, venait se lier à celle
du vicomte de Scépeaux, dont le quartier général était à Bécon. Du reste, tout le Bas-Anjou
se trouvait ainsi sous la direction supérieure
de ce chef, qui, très jeune encore, s'était fait
remarquer à côté de Bonchamp, son beau-
frère, dont il avait partagé les dangers dans
l'armée vendéenne (1).

Au début de cette guerre, une émeute éclata
au Louroux-Béconnais le 6 janvier 1794. L'ordre avait été donné aux cultivateurs de faire
connaître à leurs administrations communales
le nombre de leurs bestiaux et la quantité de
leurs fourrages. Au Louroux, les paysans se
réunirent en masse sur la place publique. Leur
assemblée devint bientôt tumultueuse et me-
naçante. C'était une véritable insurrection. Le
juge de paix Bidon se mêla aux rangs des mécontents. Il essaya de les calmer et de rappe-
ler la modération au milieu d'eux. Mais on
parla bientôt de se réunir dans l'église, afin
d'y délibérer ouvertement et d'y formuler une
protestation en règle. Alors ce magistrat en fit
fermer les portes à grand bruit et vint en dé-

(1) Alph. Beauchamp, *Guerre de la Vendée*, t. 2,
p. 85.

poser les clefs à la municipalité. En présence de cette attitude énergique, les attroupements durent se dissiper, et l'on en fut quitte pour transmettre au Directoire du district d'Angers un procès-verbal portant énonciation de ces détails.

C'était, du reste, un homme de résolution que ce juge de paix, et l'on sait que lors de la levée en masse des populations enrôlées pour les armées qui se précipitaient aux frontières menacées par l'étranger, lui, dix-septième, sut réussir à dissiper un attroupement considérable qui opposait de la résistance dans la commune du Louroux-Béconnais. Il lui fallut donner l'exemple, et une *heureuse fusillade* (1) mit les mauvaises têtes à la raison. Nous pensons que c'est à ce dernier fait que nous devons rapporter la pièce suivante :

« Comité de surveillance et révolutionnaire établi à Angers par les représentants du peuple.

(1) Nous laissons à nos documents manuscrits la responsabilité de ces expressions. A la chasse, un coup de feu heureux est celui qui abat une tête de gibier. Nous ne pensons pas qu'il en soit de même lorsque des citoyens deviennent des points de mire. On sait, au surplus, que Bidon fut plus tard grand louvetier. Il était fort habile tireur ; le 14 mars 1801, entre autres, il tua un loup de cinq ans sur le territoire de Bécon.

» Reçu la lettre d'avis et procès-verbal de rassemblements dans le canton du Louroux, remise au comité le 28 nivôse.

» Angers, le 8 germinal, an II.

> *Signatures* : BUNEL, président, et LEGENDRE, secrétaire. »

Quelques mois se passèrent ensuite sans grands événements : on s'observait.

Cependant, les exécutions et les fusillades d'Angers, la mort du vénérable curé du Louroux-Béconnais, la venue de Bougère dans cette localité, le 13 avril 1794 (24 germinal), les cinquante arrestations auxquelles il avait fait procéder, aussi bien que la présence au Louroux, peu de jours après, de deux membres du comité révolutionnaire, qui avaient mission de faire une enquête sur les troubles qui se faisaient remarquer dans la commune et dans les localités voisines, avaient surexcité les esprits au dernier point.

On savait, en effet, à n'en pas douter, que l'agitation était extrême. Il fallait prendre des mesures de précaution et prévoir les événements qui pouvaient survenir d'un instant à l'autre.

Tout naturellement, le premier soin des citoyens était de veiller eux-mêmes à leur propre sûreté. Le maire, les officiers municipaux du Louroux, le comité de surveillance du canton et le juge de paix provoquent une assemblée générale le 5 floréal, an II (24 avril 1794). Là, François Bidon prend la parole et rappelle que les *brigands* viennent de se présenter dans deux endroits de la commune et de s'y livrer au pillage des armes de guerre. Il requiert donc que tous les fusils qui existent dans les campagnes soient apportés au bourg du chef-lieu de canton, et qu'ils soient confiés à la garde de la force armée. Il demande en même temps que des mesures de rigueur soient prises contre les personnes qui, ayant connaissance des asiles des chouans et même de leur présence momentanée, ne viendraient pas les signaler aussitôt. L'arrestation des coupables devait être décrétée sur-le-champ et ils devaient être conduits, comme partisans des insurgés, devant le comité révolutionnaire séant à Angers. Un arrêté fut aussitôt pris en séance sur ces conclusions, lu et publié dans la commune. Il est signé Jacques Viau, maire; J. Tallourd, R. Guimier, J. Abraham, officiers municipaux; P. Chartier, P. Pineau, Mellet, Paul Deniau, membres du comité; P. Lair, commandant; N. Avril, Bidon et Abraham fils, secrétaires.

Copie en fut envoyée au comité révolutionnaire. Sur ce rapport, les représentants du

peuple déléguèrent deux magistrats investis
de leur confiance, et ils firent appuyer leur
mission extraordinaire d'un peloton de cavalerie et d'un piquet d'infanterie. En voici les
preuves :

1° « Aujcurd'hui 8 floréal an II (27 avril),
» Sont comparus les citoyens Mordret et
» Legendre, membres du comité révolution-
» naire, établi à Angers par les représentants
» du peuple, lesquels nous ont présenté l'ar-
» rêté par lequel ils sont chargés par ledit co-
» mité de prendre des renseignements sur les
» troubles qui agitent tant la commune du
» Louroux que les communes circonvoisines.
» Lecture prise de leurs pouvoirs, a été ar-
» rêté qu'il serait apposé un vu. »

2° « Armée de l'Ouest.
» Candé, 8 floréal, an II. — L'adjudant gé-
» néral Verpot. — Pour assurer votre tranquil-
» lité et en même temps servir la cause com-
» mune, je vous fais passer 26 càvaliers du 9°
» et faites toutes diligences pour leur procurer
» les vivres et fourrages nécessaires pour leur
» subsistance et 20 hommes d'infanterie.
» Salut et fraternité,
                    » Signé : VERPOT. »

Le même jour, le boulanger Houdeyer fut
requis par la municipalité du Louroux de

faire du pain d'*égalité* pour les soldats qui y étaient en station.

Il est probable qu'ils n'y firent qu'un très court séjour.

Les chouans, dans ces circonstances, durent craindre de se voir bientôt cernés et surpris dans leurs camps et repoussés loin du canton. Ce fut alors qu'ils tentèrent un coup de main sur le bourg du Louroux lui-même.

Le 23 mai 1794, jour de la foire d'Ingrandes (1), ils accoururent donc de tous les points et assaillirent la population, la garde nationale et les autorités locales réunies, avec une vigueur peu commune et un feu soutenu de mousqueterie. Il paraît même qu'au commencement de l'action ils se livrèrent à une scène inouie de sauvagerie, digne des peuplades les plus barbares. Une malheureuse jeune fille de dix-huit ans, qu'ils avaient amenée on ne sait d'où, fut garrottée par eux sur un cheval fougueux qu'ils avaient trouvé dans le bourg du Louroux. Après l'avoir promenée ainsi dans la plupart des rues, et l'avoir fait circuler plusieurs fois autour d'un mât planté au milieu de la place publique, ils la fusil-

---

(1) Quelques notes écrites et plusieurs personnes nous ont indiqué le 24 mai. Les actes de l'état-civil, plus sûrs que tous autres, disent le 23.

lèrent elle et sa monture. Plusieurs témoins nous ont raconté cette scène atroce et nous en ont garanti l'authenticité.

Surpris d'une pareille attaque qu'ils n'avaient point prévue, les habitants se retirèrent précipitamment dans l'église. Ils en barricadèrent les issues, se postèrent dans le clocher pour s'y défendre et se préparèrent à en soutenir le siége. Mais un tas considérable de fagots est presqu'aussitôt enlevé d'une cour placée de l'autre côté de la rue (hôtel actuel des Voyageurs, tenu par M. Victor Lemoine). Les chouans les empilent sous le vestibule ou balai qui précédait l'entrée principale du temple; puis ils y mettent le feu. L'incendie se communique en peu de temps aux toits, au clocher et menace d'anéantir tout ce flot d'êtres vivants qui s'était porté vers les autels, croyant être là dans un asile inviolable pour ceux qui parlaient sans cesse de la défense de la religion catholique. De tous côtés se font entendre des cris affolés de terreur. On ouvre les portes latérales. Mais les ennemis sont aux aguets. Embusqués dans quelques maisons laissées vides d'habitants, ils tirent à coup sûr et les plus intrépides combattants, ceux qui sortent les premiers, tombent morts dans le cimetière sous leurs balles.

L'église du Louroux devint ce jour-là la

proie des flammes. En même temps, le feu était allumé au presbytère. Il ne resta que les murailles de ces deux édifices. Les chouans avaient vengé la mort de l'abbé Pinot, et, en les incendiant, ils avaient semblé vouloir les purifier par le feu du contact des révolutionnaires et des prêtres constitutionnels qui s'étaient installés à la place du martyr de la foi.

Le même jour, le local de la municipalité ne fut pas à l'abri de leurs atteintes : ses papiers, ses archives et vingt-neuf années des registres de l'état-civil des citoyens, furent également brûlés. Il fallut, en 1807, porter au budget une somme de 340 francs pour les rétablir.

Au milieu de ces désordres, les chouans se retirèrent sans être inquiétés.

D'après les déclarations que nous avons recueillies, environ soixante individus succombèrent dans cette journée. Les registres de la mairie, dans lesquels il y a beaucoup de lacunes, sont loin de ce compte. Du reste, beaucoup d'actes de décès sont complétement muets, et l'on ne sait trop que croire. Nous affirmons cependant la sincérité des suivants : 1° Pierre Boisard, garde des bois et domaines du Louroux, âgé de 38 ans, tué en ce bourg par les *insurgés* ; 2° Jean Jouan, 48 ans, mé-

tayer à Lepinay, avec la même indication ;
3° Jean Chesneau, cultivateur aux Plains, tué
par les *brigands* en se battant contre eux, le
jour où se *donna la bataille*.

Trois jours après, le 7 prairial (26 mai), on
formait un poste militaire au Louroux : il était
trop tard.

« Armée de l'Ouest. — Bataillon de la
» Mayenne.

» Il est ordonné au citoyen Hayest, capi-
» taine de la 1ʳᵉ compagnie dud. bataillon, de
» partir avec cinquante hommes, un lieute-
» nant, un sous-lieutenant, 3 sergents, 6 ca-
» poraux et un tambour, un sergent-major, un
» caporal fourrier, pour se rendre au Louroux-
» Béconnais pour y tenir poste et y rester
» jusqu'à nouvel ordre. Il se concertera avec
» la municipalité dud. lieu pour tout ce qui
» concerne la tranquillité publique. Il prendra
» toutes les mesures nécessaires pour la sû-
» reté du poste et pour assurer la subsis-
» tance de sa troupe. Angers, le 7 prairial,
» 2ᵉ année de la République. Signé Cloutier,
» commandant. »

8

§ 2. — Affaire des bois du Hutan, le 3 juin 1794. —
Affaire des bois de Rouget, le 18 juin 1794. —
Surprise du prieuré de Villemoisan.

Nous n'avons rencontré dans aucune publi-
cation de détails sur cette affaire; mais nous
possédons quelques pièces officielles qui la
concernent et dont la sincérité ne saurait être
révoquée. C'est d'abord l'ordre du jour du
général en chef Vachot : puis le rapport du
commandant de la colonne républicaine envoyée contre les insurgés. Nous transcrivons
ces pièces, afin de conserver à notre récit le
cachet de son authenticité.

« Guerre aux chouans. — Ordre du général
» Vachot, commandant en chef les troupes
» contre les chouans.

» Il est ordonné au commandant de la force
» armée de Bécon de se porter et fouiller de-
» main les bois de Pontron, les bois d'Angrie
» et ira fouiller très scrupuleusement la forêt
» de Longné et rentrera.

» Le 2ᵉ jour, il fouillera les bois d'Angrie,
» refouillera la forêt de Longné et rentrera.

» Il m'instruira journellement de ses opé-
» rations. Il fera marcher tous les habitants
» des campagnes et laissera un fort détache-

» ment tant de la garde nationale que de sa
» troupe pour garder la place qu'il commande.
» Il est responsable de tous désordres et indis-
» cipline qui se commettraient dans ses colon-
» nes.

» A Segré, le 13 prairial, 2ᵉ année républi-
» caine (1ᵉʳ juin 1794). Le commandant en
» chef les troupes contre les chouans. Signé :
» Vachot. »

En exécution de cet ordre, Duval-Errien,
commandant les troupes en détachement à
Bécon, requiert les habitants des campagnes
voisines de se tenir prêts à marcher le surlendemain 3 juin. De très grand matin, il est
rendu au Louroux, et sous ses ordres sont
rangés les gardes nationaux et les campagnards
de Bécon, de Saint-Clément-de-la-Place, du
Louroux, de Villemoisan et de la Cornuaille :
ce sont là ses volontaires. Comme troupes régulières, il compte les soldats qu'il commande
ordinairement. De plus, il a un détachement
du 3ᵉ bataillon de la Mayenne, deux gendarmes de la 22ᵉ division, quatre chasseurs et un
brigadier du 16ᵉ régiment de la Loire.

Bientôt cette colonne arrive à la hauteur de
Pontron et de son antique abbaye de Bernardins. Elle se divise en deux parties, afin de
pouvoir cerner les bois du Hutan qui cou-

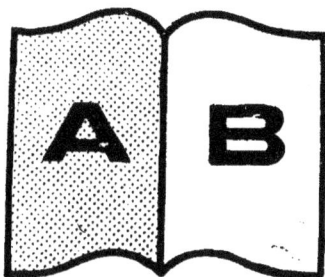

Contraste insuffisant
NF Z 43-120-14

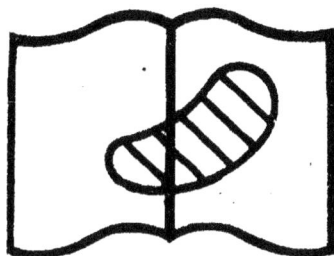

Illisibilité partielle

Valable pour tout ou partie
du document reproduit

vrent une longue colline d'où l'on domine une
vaste et riche vallée. Ses troupes se dissémi-
nent afin de fouiller les bois en tous sens,
lorsqu'un feu de file bien nourri les arrête à
la lisière des fourrés. Les soldats du bataillon
de la Mayenne y répondent avec intrépidité et
bravoure, ainsi que ceux du détachement de
Bécon, les chasseurs de la Loire, les gardes
nationaux *seuls* du Louroux et quelques-uns
de Bécon. Mais dès les premiers coups de fusil, les habitants de la campagne, qu'on avait
amenés là contre leur gré, paraît-il, effrayés
de la vigueur de l'attaque et surtout du grand
nombre de leurs adversaires, jettent aussitôt
à terre leurs armes et leurs munitions et s'en-
fuient à toutes jambes. Plusieurs même allè-
rent jusqu'à tirer sur leurs propres compagnons.

Fiers de leur succès, les chouans s'avancent
avec résolution. Ils essaient d'entourer les
soldats qui combattent et leur opposent une
vive résistance. Ceux-ci sont contraints de
battre en retraite. L'absence de cavalerie leur
en fait une nécessité.

Ils rentrent au Louroux, et à deux heures
de l'après-midi, le commandant Duval-Etrien
rédige pour le général Amey un premier rapport qu'il termine en ces termes :

« Nous ignorons encore le nombre des morts

» et des blessés que nous pouvons avoir. Nous
» enverrons demain un plus ample détail. Mais
» en attendant, il est des plus urgents que le
» citoyen général Amé veuille bien nous en-
» voyer un renfort qui, joint à nous, pourra
» tenir en haleine ces mêmes scélérats, jusqu'à
» ce qu'il plaise au général d'ordonner une
» marche quelconque.

» Il est probable qu'il commence à se for-
» mer de grands rassemblements et que *l'on ne*
» *peut se fier à beaucoup d'habitants des campa-*
» *gnes, puisque en effet, plusieurs dans ladite*
» *affaire ont tiré sur nos frères d'armes.* »

Les signataires de cet écrit sont : Jacques
Viau, maire; P. Pineau, officier municipal;
A. Breheret, agent national; Pranleu, maréchal des logis; Dumont, brigadier en chef du
détachement; Labry, caporal-fourrier des
grenadiers; Doneure, sous-lieutenant des
chasseurs; Bertry, capitaine de la garde nationale de Bécon, et Abraham, secrétaire.

Il existe toujours des témoins de cette affaire
qui fut rude et meurtrière. Tout jeunes alors,
ils entendirent la fusillade et virent leurs
pères enfouir les morts dans les rigoles des
fossés voisins. On nous a assuré qu'il y en eut
deux cent cinquante environ. Ils furent ense-
velis dans plusieurs endroits que l'on a offert
de nous montrer, et par nombres ici de 8, là

de 12 et de 15. On nous a cité entre autres la lande du Hury, près de la ferme de Hutan, qui en fut entièrement remplie et qui en contient au moins 80. Plus grand encore fut le chiffre des blessés qui, pour la plupart, reçurent asile dans les métairies de Portron, où les bâtiments ruraux eux-mêmes en furent encombrés. Quarante au moins, blancs et bleus, mêlés les uns aux autres, furent soignés et recueillis dans la grange du Hutan, chez les cultivateurs.

Nous avons seulement les noms de deux hommes tués à l'affaire du Hutan. Leurs décès furent déclarés quatre jours après. Ce sont ceux de René Marais et de Pierre Langevin, tous les deux âgés de 37 ans, et journaliers à Bécon. Ils furent tués en se battant *contre* les chouans.

Le même jour, 15 prairial (3 juin), Jean Abraham, âgé de 65 ans, officier municipal du Louroux, périt assassiné par les chouans, à peu de distance du bourg, vers la queue de l'étang de la Cure. C'était dans la soirée du combat du Hutan. Deux jours après, le fils de celui-ci fut installé comme juge de paix du canton.

On comprend facilement que les chouans ne jugèrent pas prudent de rester longtemps dans les bois du Hutan, après cette affaire que

nous venons de décrire. Ils transportèrent
aussitôt leurs campements dans les bois de
Rouget, sur la commune de La Cornuaille, à
la limite des départements de Maine-et-Loire
et de la Loire-Inférieure. Leur espoir était
sans doute que les autorités militaires ne les
inquiéteraient point et n'essaieraient pas de
les y prendre entre deux feux.

Des troupes en nombre et parfaitement
aguerries, cette fois, vinrent les en débusquer
quinze jours après. Elles les taillèrent en pièces et les obligèrent à fuir. Ce fut l'affaire la
plus importante qui s'accomplit, nous a-t-on
dit, dans le pays. Culbutés de toutes parts et
découverts dans leurs asiles les plus secrets,
les chouans se dispersèrent. Beaucoup d'entre
eux furent tués ou blessés. On en forma des
monceaux, et des témoins nous ont assurés que des champs en furent littéralement
couverts. Cependant, jusqu'ici, nous n'avons
trouvé nulle mention de ce fait d'armes. On
nous a affirmé également qu'un malheureux qui
avait eu la cuisse coupée au bois du Hutan,
fut ce jour-là fait prisonnier par les bleus, et,
qu'après l'avoir enfermé au milieu d'un tas de
bourrées, dans une éclaircie des bois de Rouget, ils y mirent le feu et le firent ainsi rôtir
tout vivant. Cet homme se nommait Tou-
raud. Le souvenir de ce détail s'est conservé

très circonstancié au milieu des populations.

Peu après, les chouans se faisaient agresseurs à leur tour et venaient surprendre un poste républicain campé dans les bâtiments de l'ancien prieuré-cure de Villemoisan. De là il veillait à la tranquillité du pays. A deux reprises différentes, il y fut inquiété par les insurgés qui arrivèrent jusqu'à lui à l'ombre des bois qui précédaient les bâtiments et les jardins curiaux. Lorsque les bleus sortirent, ils furent fusillés dans les jardins par les chouans qui, cachés derrière les murailles de l'enclos, frappaient à coups sûrs. Pour pouvoir se défendre, il leur fallut démolir ces murs. Une douzaine de soldats fut enterrée dans un pré voisin.

C'est à ce temps et à ces faits que se rattache la mort de René Pineau, tué le 18 juillet 1794, dans un de ses champs, d'un coup de pistolet dans la tête tiré par des inconnus. Neuf jours plus tard, le 27 juillet, Charles Dupont fut assassiné dans sa maison du Fougeray, à la porte et dans la cour du prieuré, d'un coup de fusil tiré dans la tête aussi par des inconnus. François Renou, mourut de la même manière et dans les mêmes circonstances à la Giltière.

§ 3. — La Gachetière (26 octobre 1794). — Transport de bois de marine : Affaire de Beauchêne, le 6 décembre 1794.

Quelques mois s'écoulèrent paisiblement. Les troupes républicaines faisaient bonne garde, mais les chouans de temps à autre commettaient quelques exactions, quelques actes de pillage.

Un jour, le 26 octobre 1794 (5 brumaire an II), une escorte est demandée pour accompagner quelques barriques de vin que l'on veut envoyer à Angers. Les soldats sont réunis sous les ordres du *commandant de la place* du Louroux. Il était quatre heures et demie du soir. L'escorte allait se mettre en marche, lorsqu'une ordonnance d'un général — on ne nous dit pas son nom — arrive, porteur d'une dépêche pressante pour l'officier. C'est l'ordre de lever de suite le poste et de se rendre du côté de la Gachetière, en la commune d'Angrie, sur la limite extrême du territoire du Louroux. Le vin, que l'on n'ose faire partir sans escorte, dut être déposé en la chambre commune et il fallut attendre le retour des troupes pour pouvoir l'expédier en toute sûreté.

Effectivement, on ne pouvait plus rien faire
sortir des campagnes pour le service de l'Etat
sans mille précautions et sans escortes militaires. L'argent, les grains, les bois, les provisions de toute espèce ne pouvaient être dé-
placés d'un point à un autre que sous la sau-
vegarde de la gendarmerie, de l'armée ou des
gardes nationales. Souvent même les escortes
étaient attaquées et les convois ne pouvaient
parvenir à leur destination.

Vingt-quatre pièces de bois destinées à la
marine avaient été abattues sur le territoire
de la commune du Louroux. Elles devaieut
être transportées au port de la Chaussée à
Ingrandes et de là être expédiées dans les
ports de construction. Des voitures avaient
été requises chez divers métayers pour leur
charroi. Tous se trouvèrent prêts à l'excep-
tion des nommés Goupil, Moreau, Brissot et
Robert, père et fils, qui, dans la nuit qui pré-
céda l'enlèvement de ces arbres, furent menacés par les chouans de devenir l'objet
de leurs fureurs et de leurs vengeances s'ils
se prêtaient à l'exécution des ordres qu'ils
avaient reçus. Ces hommes n'osèrent braver
ces menaces. Ils vinrent faire connaître leurs
plaintes au maire et lui déclarer qu'ils ne
pouvaient s'exposer à se faire égorger chez
eux. Ils refusèrent donc de venir avec leurs

charrettes procéder à l'enlèvement du bois pour lequel ils avaient été requis.

Cependant le 16 frimaire an III (6 décembre 1794), sous la direction de Le Cocq, capitaine de la compagnie des grenadiers des Côtes-du-Nord, commandant le détachement du cantonnement du Louroux, les métayers, leurs voitures et leurs chargements formant un convoi considérable, se mirent en marche et arrivèrent sans encombre jusqu'à Ingrandes. Le seul incident du voyage fut le suivant : l'une des voitures s'était trouvée en arrière, n'étant partie que longtemps après les autres. Elle fut rencontrée par les chouans à une demi-lieue d'Ingrandes, arrêtée par eux, démontée, privée de son essieu et jetée sur la route. Puis ils prirent son conducteur, le firent mettre à genoux et lui annoncèrent qu'ils allaient le fusiller. Ils le relâchèrent toutefois, après l'avoir beaucoup menacé et avoir obtenu de lui de nombreux renseignements sur le convoi dont il avait dû faire partie.

Mais le retour fut moins heureux. Les voitures vides quittèrent Ingrandes longtemps avant les troupes. Arrêtées par les chouans, elles furent démontées et mises en travers dans la route, afin d'y former des barricades derrière lesquelles ils attendirent l'arrivée des soldats, aux environs du château de Beau-

chêne, en la commune de Champtocé, à une
distance plus rapprochée de Villemoisan que
d'Ingrandes. Ceux-ci passèrent les obstacles
et mirent les insurgés en fuite. Le détachement
ne se croyant plus d'aucune utilité pour les
métayers qui avaient été renvoyés par les
chouans après de sérieuses menaces, et, informé d'ailleurs par divers rapports que les
troupes de ceux-ci étaient échelonnées sur le
chemin et en beaucoup plus grand nombre, le
détachement disons-nous, par mesure de prudence crut devoir se replier sur Ingrandes,
évitant ainsi l'effusion inutile du sang.

Depuis ce temps-là, les chouans se plurent
à démonter une quantité considérable de voitures dans les campagnes. Ils en rompirent
les essieux et mirent les paysans hors d'état
de pouvoir les utiliser. Injonction leur fut
donnée de les amener dans l'intérieur du bourg
du Louroux et de les placer sous la protection
de la force armée. Mais la panique était tellement générale, que personne n'osa obéir à ces
ordres, dans la crainte d'être assassiné.

Disons aussi qu'à la même date le conseil
militaire de l'armée royaliste arrêtait à Mau-
levrier, le 5 décembre 1794, sous la présidence
de Stofflet, un plan général de surveillance.
Le lieutenant commandant à Montjean reçut
l'ordre d'établir six postes armés, dont l'un

fut placé à la Grande-Maison, de Bécon, avec dix-huit hommes de garde (1).

§ 4. — Traités de la Mabilais et de Pontron, avril et mai 1795. — M. de Scépeaux : son caractère, ses habitudes. — Affaire du bois de Rouget. — Le camp de la Galicheraie, à Bécon. — Surprise de ce camp. — Choc de Pontron, le 3 juillet 1795. — Pillage des camps de Saint-Clément-de-la-Place et de Bécon ; affaire de la Lande-Margerie, le 10 juillet 1795.

Le traité de la Mabilais (2) appartient au domaine de l'histoire générale. Par cette raison, nous ne voulons pas nous occuper des motifs qui provoquèrent sa signature et qui précédèrent la suspension des armes. Tout ce que nous voulons indiquer, c'est que peu de jours après, les chefs des divisions de la chouamerie qui appartenaient aux départements de la

(1) Alph. Beauchamp, *Guerres de la Vendée*, t. II, p. 403.

(2) Signé le 20 avril 1795, ce traité est revêtu de vingt-deux signatures entre lesquelles est celle de De Meaulne, qui doit être revendiqué par cette notice. De Meaulne, de Bécon, a été longtemps maire de cette commune, où il habitait au château de Lande-Ronde ou de la Cartrie. La proclamation des chefs de l'armée catholique et royale, datée de La Prévalaie, le lendemain, 21 avril, porte la même signature.

9

Sartbe, de la Mayenne et de Maine-et-Loire
furent convoqués à Pontron par le vicomte de
Scépeaux. Ce devait être vers le 29 ou le 30
avril 1795. Tous les royalistes réunis adhérè-
rent au traité de la Mabilais (1). Ainsi, la cé-
lèbre abbaye qui avait vu à son origine la
noblesse de l'Anjou venir mettre en masse
son voyage pour la croisade sous la protection
de Notre-Dame-de-Pontron, faire bénir par
elle ses drapeaux et ses armes, vit encore à
son déclin et au moment de sa chute, les plus
vaillants chefs de nos guerres intestines re-
chercher, à l'ombre de ses cloîtres, le recueil-
lement nécessaire pour l'accomplissement de
la paix. Il eût été heureux que les traités
eussent été exécutés avec bonne foi de part et
d'autre.

C'est notamment de Pontron que fut daté le
brevet du commandement en chef, délivré au
fameux Coquereau, l'un des capitaines les plus
audacieux de la chouannerie, brevet que l'on
retrouva sur lui lorsqu'il périt misérablement
avec son aide-de-camp.

Cette pièce, à raison de sa date et des circonstances que nous rappelons, offre un inté-

(1) Alph. Beauchamp, *Guerres de la Vendée*, t. III,
p. 140. — Bourniseaux, *Guerres de la Vendée*, t. III,
p. 146.

rêt véritable de curiosité. Quoiqu'elle soit déjà
connue, nous nous empressons donc de la
reproduire. L'original en fut remis du reste à
l'autorité supérieure, qui en transmit la copie
au Comité de salut public dans les termes suivants :

« Angers, le 17 juillet 1795.

« Le procureur général syndic, au Comité
du salut public.

« On poursuit partout les chouans à outrance ;
partout ils sont battus. Les sieurs de Scépeaux
et Béjarry ont passé hier soir ici, se rendant
à Paris, sur un passe-port des représentants
du peuple.

« Je vous envoie la copie du brevet accordé
à Coquereau et trouvé sur lui le 28 juin :

« BREVET.

« Armée catholique et royale du Maine, de
l'Anjou et de la haute Bretagne.

« Au nom du Roi.

« Aujourd'hui 20 avril 1795, l'an III du règne
de Louis XVII (le jour même où la pacification
était signé à Rennes).

« Le général en chef et officiers généraux
de l'armée catholique et royale du Maine, de
l'Anjou et de la Haute-Bretagne, étant à Pon-

tron, prenant une entière confiance en la valeur, courage et expérience en la guerre, vigilance et bonne conduite du sieur Coquereau,
en sa fidélité et affection au service du Roi, lui
ont donné et octroyé, sous le bon plaisir du
Roi et de Monsieur, régent du royaume, la
charge de commandant en chef la division,
pour dorénavant en faire les fonctions et jouir
aux honneurs, autorité, prérogatives, droits et
appointements qui y appartiennent, tels et
semblables dont jouissent ceux qui sont pour-
vus de pareilles charges.

« M'ayant, nos dits sieurs général en chef et
officiers généraux, pour témoignage de leur
bonne volonté, commandé de lui expédier le
présent brevet, qu'ils ont signé de leur main
et fait contresigner par moi, leur secrétaire
général.

« *Signé :* Le vicomte de SCÉPEAUX et GAUTIER,
secrétaire général (1). »

Plus tard, quelques mois après, une correspondance était établie entre M. de Scépeaux
et Coquereau.

« Pontron, le 4 juin 1795.

« Le vicomte de Scépeaux à M. Coquereau.

« Les rapports que vous me faites sur les

(1) *Guerres des Vendéens et des chouans,* par un
officier supérieur (le général Savary), t. V, p. 188.

actes hostiles commis par les républicains, me plongent dans les plus sérieuses réflexions et me portent à croire que ce sont les terroristes qui agissent et fomentent en dessous, et., etc.

« *Signé :* Le vicomte de Scépeaux. »

Après quelques mois d'attente, les hostilités recommencèrent bientôt. Les camps des chouans se reformèrent plus nombreux et l'on vit plusieurs fois MM. de Scépeaux, de Bourmont, d'Andigné et divers autres officiers postés à Bécon, faire des courses jusqu'aux portes d'Angers, arrêtant les convois et détruisant tous les détachements et les escortes qui passaient à la portée de leurs fusils. Les deux mille hommes qu'ils commandaient étaient braves et exercés au maniement des armes ; quelques-uns étaient soldés (1). L'irritation de ces capitaines avait été surtout provoquée par les arrestations dont ils venaient d'être l'objet. De Scépeaux, instruit des événements qui se préparaient et considérant comme inévitable la reprise des armes, avait quitté Paris, à la nouvelle de l'arrestation de Cormatin, le négociateur principal du traité de La Mabilais; il s'était vu, à son arrivée à Angers, jeter dans les prisons, ainsi que de Meaulne et La

(1) Bourniseaux, t. III, p. 174.

Croix, curé de Bécon. Tous trois avaient in-
voqué les conditions des traités de paix auxquels ils avaient adhéré, et protesté vouloir
les maintenir.

A peine sont-ils élargis que de Scépeaux
court se mettre à la tête du camp de Pontron;
de Meaulne prend le commandement de celui
de La Galicheraie, à Bécon, et le curé
La Croix, est nommé payeur-général des
Chouans (1).

Le vicomte de Scépeaux était, du reste, un
homme d'action et qui savait, devant l'ennemi,
faire preuve d'une brillante valeur. C'était, au
dire d'un historien très-autorisé (2), un cœur
noble et loyal; mais, hors du combat, on lui
reprochait, non sans raison, le défaut d'activité, d'énergie. De très-petite taille, il était
d'une agilité gymnastique extraordinaire. Caractère facile, aimant le plaisir et le monde,
il savourait trop souvent, dans son quartier
général de Bourmont ou de Pontron, les dou-
ceurs d'un loisir presque princier.

On l'avait vu cependant à l'œuvre et au milieu de la mêlée, plein de sang-froid et de

(1) Alph. Beauchamp, *Guerres de la Vendée*, t. III,
p. 178.
(2) Théodore Muret, *Hist. des guerres de l'Ouest*,
t. IV, p. 259.

caractère. C'est ainsi qu'il avait su conquérir une autorité légitime auprès des soldats, tandis que son titre de beau-frère de l'illustre et vénéré Bonchamps lui avait attiré tous les respects de ses collègues. Il n'avait guère quitté les environs de Candé, Bécon et l'abbaye de Pontron. Depuis la destruction de l'arnée vendéenne, il était toujours resté errant dans les forêts et dans les campagnes avoisinantes. Le bois de Rouget, près de la Cornuaille, lui avait longtemps servi d'asile, ainsi qu'à trois ou quatre cents vendéens, angevins ou bretons, et il s'y trouvait quand une fois une colonne républicaine vint l'y cerner complétement.

Nous n'osons pas dire s'il s'agit là de la même affaire que nous avons précédemment rapportée ; mais toujours est-il que de Scépeaux anima si bien ses compagnons, paya si bien d'exemple, que l'ennemi ne put jamais forcer le bois et fut enfin contraint à la retraite. Un officier royaliste, M. Langlois, fut blessé dans cette rencontre. Le brillant combat de Rouget avait fait reconnaître de Scépeaux pour chef de tout le pays.

Dans les derniers jours de juin 1795, le général Vachot, qui vint l'attaquer près du château de Bourmont, fut également repoussé par lui avec perte. Peu à peu, de Scépeaux étendit son autorité sur la partie de la Bretagne

limitrophe, depuis Châteaubriant jusqu'à Va-
rades, Ancenis et Oudon, le long de la
Loire (1).

Avantageusement placé sur les limites de la
Bretagne, de Scépeaux devait alors prêter à
l'expédition de Quiberon un puissant concours,
par une reprise d'armes vigoureuse et faite à
propos. Il avait même passé la Loire pour
s'entendre avec Stofflet et combiner un effort
commun sur les deux rives ; mais il entrait
alors dans les plans de Bernier d'enchaîner la
guerre. Tandis que Charette relevait son drapeau, l'autre moitié de la Vendée resta inac-
tive.

De Scépeaux fut enlacé par l'artificieux curé
de Saint-Laud, dans les mêmes piéges que
Stofflet. Bernier fit si bien qu'il le transforma
en ambassadeur pacifique près du gouvernement républicain, dans le moment même où
devait retentir son appel aux armes. Le général angevin partit donc pour Paris, dans les
premiers jours de juillet, avec Béjarry, l'aîné,
pour faire valoir les griefs des royalistes de
l'Ouest par les voies amiables.

De stériles conférences n'aboutirent qu'à
faire perdre un temps précieux aux deux né-

(1) Théodore Muret, *Hist. des guerres de l'Ouest*,
t. III, p. 311.

gociateurs. La Convention signait précisément alors la paix avec l'Espagne, et ce traité retrouvait disponibles, contre les départements de l'Ouest, les troupes employées aux Pyrénées. Endormir les royalistes, empêcher de leur part un effort général qui devait seconder le débarquement de Bretagne; tel était le but naturel de la Convention; de Scépeaux et son collègue en furent les dupes (1).

Ce fut alors qu'ils quittèrent Paris en toute hâte pour revenir en Anjou. Mais ici nous devons faire observer qu'évidemment les dates que nous venons de citer ne concordent pas entre elles, s'il est exact que de Scépeaux soit parti pour Paris le 6 juillet, qu'il ait passé par Angers le soir de ce jour là, et s'il est vrai que ce soit lui qui, le 10 juillet suivant, ait dirigé les opérations du combat de la Lande-Margerie. En présence de la correspondance du procureur général que nous venons d'enregistrer, nous devons alors supposer que ce fut un des chefs sous les ordres de Scépeaux, et non pas lui-même qui dirigea les opérations militaires. Notre devoir est de signaler dès à présent et de prémunir nos lecteurs, afin qu'ils comprennent bien que nous n'acceptons pas la

(1) Théodore Muret, *Hist. des guerres de l'Ouest*, t. IV, p. 259.

responsabilité d'une inexactitude qui nous paraît évidente. Nous ne faisons que transcrire nos documents, sans vouloir garantir leur complète exactitude.

Au surplus, la lettre suivante donne de nouveaux détails sur ce qui se passait à cette époque à Angers :

« Angers, le 14 juillet 1795.

« Le procureur général syndic, au Comité de salut public.

« Le 2, de Meaulne, Chopin dit Joli-Cœur, Lacroix, ex-curé de Bécon et Berthelot, maire de cette commune, s'étaient retirés à Angers, sous le prétexte que la guerre allait se rallumer et que, dans trois jours, les chouans devaient se rassembler pour égorger les cantonnements placés sur les grandes routes. Comme ces individus arrivèrent très-tard et entrèrent furtivement dans la ville, ayant laissé leurs chevaux dans les faubourgs, la garde les arrêta et les conduisit chez le général Lebley qui, après s'être assuré qu'ils étaient chefs ou sous-chefs de chouans, les fit provisoirement mettre en arrestation à la citadelle.

« J'ai rendu compte de ces faits aux représentants Mathieu et Bodin (1). »

(1) *Guerres des Vendéens et des chouans*, par le général Savary, t. V, p. 197.

Nous avons lu même quelque part que le curé La Croix, ainsi incarcéré à Angers, s'était sauvé de la prison sous un déguisement et avec des vêtements de femme. Cette fuite fut signalée dans le journal les Affiches d'Angers et fut l'objet de tous les commentaires de la ville et de la campagne comme on n'en doit pas douter.

Quoi qu'il en soit, à la nouvelle de tous ces événements, les divisions insurgées se mettent en mouvement. Aidées des forces qui sont aux ordres de Polierne, elles menacèrent à la fois tout le pays compris entre Angers et Nantes. Angers vit ainsi les cohortes de la chouannerie à ses portes dès les premiers jours de juillet 1795; le vicomte de Scépeaux les y avait assemblées avec habileté, afin d'opérer une diversion favorable à l'expédition de Quiberon qui se préparait.

Le camp de la Galicheraye, situé à deux kilomètres environ au nord du bourg de Bécon, était placé dans une immense prairie, dont les gras pâturages servaient à l'alimentation des chevaux des insurgés. Du reste, installés sur cette ferme, propriété de la famille de Serrant, pendant les trois mois qu'ils y restèrent en permanence, ils s'approprièrent les bois, les clôtures, les palissades des champs et mirent tout au pillage, disposant en maîtres de ce qui la garnissait. Rien n'y fut respecté. Les hommes allaient et venaient en tous sens par les prés, les champs et les jardins, eux et leurs chevaux ; c'est à tel point qu'ils firent main-basse sur les bestiaux du fermier de la Galicheraye pour s'en nourrir, qu'ils enlevèrent et battirent les récoltes en grains qu'elle produisit en 1794 et 1795 (dans les ans II et III), et qu'ils profitèrent des blés et des pailles qui furent ainsi recueillis.

Lors du passage des bandes républicaines du général Sépher, auxquelles, dans la Manche, on a donné la qualification d'infernales, six cents hommes de troupe, composant sa division, vinrent à leur tour camper à la Galicheraye et s'établir à la place des chouans. Ces soldats commirent de leur côté beaucoup de dégâts sur cette métairie, et y brûlèrent, entre autres, une grande quantité de bois. D'après une enquête judiciaire, ou plutôt un état des lieux, tout permet de croire que les bleus avaient surpris les rebelles dans leur camp même ; qu'ils les y avaient assaillis par une vive fusillade, et qu'après les en avoir chassés, ils s'étaient ensuite installés dans leurs propres campements et sous leurs tentes.

Rien ne nous fait connaître combien de temps les bleus restèrent en cet endroit. Ce qui est certain seulement, c'est que le fermier Pierre

Beuscher avait été obligé de tout abandonner
au pillage. Il s'était enfui en présence des vociférations des *brigands*, craignant pour son existence. Son beau-frère y étant allé pour veiller
à la direction agricole de la métairie, avait été
assassiné par eux.

Au temps où les chouans y commandaient
sans contrôle, de Scépeaux était venu les visiter et passer l'inspection de leur camp.

Un tel voisinage devenait inquiétant pour le
chef-lieu du département. La garde nationale
d'Angers et les chasseurs d'Evreux reçurent
alors l'ordre d'aller chercher les chouans et de
les poursuivre jusque dans leurs retranche-
ments. Ils marchèrent aussitôt et fouillèrent
sans succès les bois de Bécon et l'abbaye de
Pontron, qui était regardée comme leur principale retraite. Enfin les éclaireurs républicains
aperçoivent l'avant-garde royaliste dans le bois
qui borde la route de Pontron à Ingrandes. Les
chouans attaquent les premiers avec quelque
vigueur, mais se voyant tournés par une colonne, ils se dispersent, abandonnant leurs
morts (1).

Dans cette affaire, que nos manuscrits ap-
pellent le choc de Pontron, et qui eut lieu le

(1) Alph. Beauchamp, *Guerres de la Vendée*, t. III,
p. 248.

10

15 messidor an III (3 juillet 1795), beaucoup de chouans furent tués. Nous n'avons les noms que de trois d'entre eux. Ce sont : Jean Behier, âgé de 34 ans, garçon meunier à la Clémencière, et Pierre Gaudin, 38 ans, tous les deux tués à Pontron *par les citoyens*, et enfin René-Augustin Robin, 26 ans, tué au *choc de Pontron en se battant contre les républicains*. Des inconnus, des chouans, à proprement parler, on n'en parle pas souvent dans les actes de l'état-civil; on se contentait de les enterrer sous les haies, et l'on en cacha ainsi plus cent vingt.

Les chouans, dans le même temps, étaient battus sur divers autres points. Disséminés dans trois départements limitrophes de celui de Maine-et-Loire, dans ceux de la Sarthe, de la Mayenne et d'Ille-et-Vilaine, ils étaient dispersés de tous les côtés. Le 24 juin, le général Aubert-Dubayet les taillait en pièces à Craon. Près d'Argentré, ils étaient encore vaincus, et de toutes parts on les voyait fuir devant leurs vainqueurs.

Leurs débris se replièrent sur les communes de Saint-Clément-de-la-Place, Bécon et Le Louroux-Béconnais. Ils vinrent renforcer la division royaliste qui, rassemblée sous les ordres du vicomte de Scépeaux, et du chevalier de Turpin de Crissé, suivait avec fidélité les prescriptions du comte d'Artois.

Non loin d'eux était un poste républicain,
dit un chroniqueur, sous le commandement
du général Leblay ou Lebled (1). Instruit par ses
espions que les royalistes, forts de leur nombre,
ne sont point sur leurs gardes, celui-ci se met
en marche durant la nuit du 9 juillet 1795. Il
prend si bien ses précautions et ses mesures,
qu'il arrive au camp de Saint-Clément-de-la-
Place, sans avoir été découvert. Tout y repo-
sait dans le plus grand sommeil et dans la plus
parfaite confiance. Le camp était commandé
par le chevalier de Turpin.

Leblay tombe sur le camp, la bayonnette en
avant avec la rapidité de l'éclair, lorsqu'un coup
de fusil tiré sur un fuyard y répand partout l'alarme. Les royalistes surpris dans leur sommeil,
effrayés par les cris de leurs camarades qu'on
égorge, ne songent pas même à se défendre :
ils fuient dans le plus complet désordre. Quelques
braves qui osent résister, sont à l'instant per-
cés de coups. Les républicains, maîtres des
tentes y trouvent et s'emparent de l'artillerie
et d'un drapeau blanc, orné de fleurs de lys.
Ils pensent ensuite à poursuivre les chouans

(1) Nous verrons plus loin qu'il ne peut pas être
exact que ce fut Leblay qui commandait ce camp et
qui dirigea les faits d'armes suivants. Il nous paraît
évident qu'ici le nom de l'adjudant-général Verpot
doit être substitué à celui de Leblay.

qui se sont presque tous repliés sur le camp de Bécon.

Ils s'y comptèrent en forces. Néanmoins de Scépeaux qui les dirigeait, craignant l'impression d'un moment de terreur, crut devoir donner l'ordre de le lever sur-le-champ et opérer sa retraite aussitôt vers celui du Louroux. Ce camp était non loin du bourg, aux Landes-Margeries, qui l'entouraient. Arrivé là, il fit ranger ses troupes en bataille et attendit de pied ferme l'arrivée des républicains.

Leur général eût dû prudemment se contenter des deux succès qu'il avait obtenus dans cette journée. La prudence lui conseillait de se retirer après avoir pillé les deux camps. Cependant enivré par ces succès et emporté par la valeur qui animait ses soldats, il s'était élancé à la poursuite des royalistes qu'il parvint à rejoindre à l'entrée de la nuit (22 messidor an III). De Scépeaux s'était posté sur les hauteurs, au Pé et à la Péhurie, d'où il dominait un chemin creux par lequel les républicains devaient passer : il les y attendait retranché qu'il était derrière des huies impénétrables.

Avec sa troupe, haletante de fatigue, Leblay arrive enfin. Il n'hésite point à attaquer les royalistes qui, malgré l'obscurité la plus profonde, dirigent sur les républicains un feu roulant d'artillerie. La mort vole dans les rangs de toutes parts. Harassés et exténués de leur course précipitée, combattant avec peine, par une nuit sombre, sur un terrain difficile et désavantageux, ils font d'héroïques mais inutiles efforts pour avancer et pouvoir atteindre les chouans. Plusieurs fois ils retournent à la charge. A chacune de leurs attaques, ils sont foudroyés par une grêle de boulets et de balles tirés presqu'à bout portant. A la fin, ils prennent le parti de fuir pour échapper à un carnage. Ils ont à peine lâché pied, que les royalistes les poursuivent l'épée dans les reins. L'épaisseur des ténèbres les empêchait heureusement de pouvoir porter des coups bien assurés.

Les républicains réussirent à se jeter dans Angers, après avoir perdu la moitié de leur monde. De Scépeaux les avait poursuivis jusqu'aux portes de la ville. Ses troupes reprirent leurs premières positions (1).

Un corps de troupes sous la direction d'un général de brigade ne pouvait pas être moindre de 1,000 ou 1,200 hommes. Puisqu'on admet une perte de moitié, il faut donc supposer 5

(1) Panckoncka, *Victoires et conquêtes*, t. XI, p. 37 et 38. — Alph. Beauchamp, *Guerres de la Vendée*, t. III, p. 181. — Bourniseaux, *Guerres de la Vendée*, t. III, p. 151. — Crétineau-Joly, *Histoire de la Vendée Militaire*, t. III, p. 398.

10.

ou 600 morts et blessés. Ce qui est certain, c'est qu'au Pé et à la Lande-Margerie l'on a souvent trouvé et que l'on rencontre fréquemment des cadavres et des ossements. Les fossés en sont remplis. Nous savons qu'en 1858, en traçant les simples fondements d'une habitation, l'on trouva sept ou huit squelettes humains. Nous n'avons que le seul nom de Sébastien Langevin que nous puissions croire avoir été atteint à la Lande-Margerie. Il mourut à 29 ans, au village de la Hammonais, au Louroux, des suites de ses blessures, le 6 fructidor an III.

Le 21 du même mois de juillet 1795, pendant que se livrait un combat à Ingrandes (1), de Scépeaux s'emparait de Segré. Mais le 23, à Quiberon, l'armée royaliste fut taillée en pièces et éprouva un désastre dont elle ne put jamais se relever.

---

(1) Jean Lequeux, âgé de 27 ans, cultivateur au Louroux, fut tué dans cette rencontre, que son acte de décès appelle le *choc d'Ingrandes*.

§ 5. — Panique à Angers le 11 juillet 1795. — Nouveaux détails sur l'affaire de La Lande-Margerie. — 2º Affaire de Pontron, le 11 juillet 1795. — Combat d'Ingrandes, le 20 juillet 1795.

La déroute de La Lande-Margerie avait été trop complète pour que les troupes réunies à Angers n'essayassent pas d'en tirer vengeance sur-le-champ. On s'en raconta les détails avec effroi dès le lendemain. Quoique les correspondances qui suivent essayent d'en atténuer les résultats, il est évident que la panique qui se répandit de toutes parts dans la ville ne pouvait être motivée par la seule mort de quatre hommes : ces lettres dissimulent une partie de la vérité. Il est vrai que le général Verpot et son aide de camp, suivant le bruit qui s'en accrédita au premier moment, étaient au nombre des morts.

Quoi qu'il en soit, ce combat prouvait combien le voisinage des chouans devenait inquiétant pour le chef-lieu du département, et combien il importait de les anéantir, ou de les disperser promptement en les rejetant bien loin. L'appel aux armes fut donc ordonné le matin même, le 11 juillet, lorsque les soldats poursuivis par les bandes de Scépeaux furent à peine entrés dans Angers, après une course précipitée durant la nuit. Ce fut Leblay, général de brigade, qui se mit lui même en marche, à la tête de la garnison. Car, il paraît certain que notre récit emprunté à un historien digne de croyance a cependant fait erreur sur le nom du chef qui dirigeait l'expédition contre les camps de St-Clément et de Bécon. Leblay, commandait alors à Angers la 7ᵉ division militaire. C'est lui qui avait eu l'honneur d'annoncer le 27 juin précédent aux administrateurs de Maine et Loire la mort de Coquereau, l'un des chefs les plus connus des bandes de la chouannerie, tué par un hussard du 11ᵉ régiment, non loin de Châteauneuf-sur-Sarthe. Il voulait en personne laver dans le sang la mort de son collègue Verpot et il avait à cœur de parvenir, par de nouveaux succès, à la pacification de la contrée.

Les correspondances que nous transcrivons compléteront notre narration précédente. Elles lui serviront de contrôle et nous permettront de connaître jusqu'aux moindres circonstances de ces tristes rencontres. Cependant elles nous laissent ignorer encore un détail intime, celui de la mort de l'adjudant général Verpot, qui dirigeait la colonne républicaine. On a conservé ce souvenir et l'on sait que le chouan qui le tua se nommait Graindorge. Cet homme, un paysan, s'était embusqué sous une charrette presqu'à l'entrée du bourg du Louroux. Il était armé d'un fusil en fort mauvais état, dont les batteries fonctionnaient avec peine et qui faisait souvent long feu. Voyant un officier à cheval, en face des Roches-Vernay et de la maison Henry, il le coucha en joue, fit feu, et la balle l'atteignait en pleine poitrine; le général était mort.

I.

Angers, 23 messidor, an III (11 juillet 1795).

« La générale a battu ce matin, à huit heures. Les malveillants qui sourient au plus petit événement qu'ils grossissent pour nourrir leur faible espérance, se sont agités, et selon eux, déjà tout était perdu. Aussi, pour dissiper les inquiétudes de nos lecteurs, nous nous empressons de leur transmettre ce que nous avons pu recueillir du motif de cette mesure, en attendant de plus amples éclaircissements.

« Depuis la mort du nommé Coquereau, un des chefs les plus affidés des chouans, ceux-ci s'étaient portés dans les communes de Saint-Clément-de-la-Place, de Bécon et Le Louroux. Instruit de ce rassemblement, le général Leblay, commandant la force armée à

Angers, fit partir, dans la nuit du 21 messidor, un détachement de troupes républicaines, toutes décidées à vaincre ou mourir, pour les attaquer dans leurs camps. Arrivés auprès de celui de Saint-Clément-de-la-Place, un coup de fusil tiré sur un fuyard y répandit l'alarme, les chouans furent dispersés et mis en déroute; une cinquantaine mordirent la poussière; un drapeau blanc, orné de deux fleurs de lys, fut enlevé. Ils furent poursuivis jusqu'au camp de Bécon qui fut aussi mis en déroute. Pourchassés vigoureusement, et assurés que nos frères d'armes ne quitteraient pas leur proie, ils se réunirent aux Landes-Margeries, près du Louroux, au-dessus d'un chemin extrêmement bas, couvert de haies, derrière lesquelles ils se cachèrent, et profitant de l'obscurité de la nuit, ils tirèrent de tous côtés sur nos frères, lorsqu'ils furent dans ce précipice. Ne voyant que par le feu de l'amorce d'où les coups partaient, à la clarté duquel nos frères d'armes ripostaient; ils se replièrent sur Bécon et battirent en retraite.

« Nous avons perdu quatre hommes dans cette gorge, quinze ont été blessés. Le brave Verpot, adjudant-général, et son adjoint emportent en mourant le regret de tous ceux qui les connaissaient.

« Instruit de cet événement, le général Le-

blay fit battre la générale, afin de réunir plus
promptement la force armée et la garde nationale : la première, pour donner du renfort à
nos frères d'armes ; la seconde, pour remplir
les postes vacants par le départ de la troupe.
Cette mesure eut tout son effet. Dans dix minutes, la garde nationale, qui, au premier signal, a de tout temps montré le plus grand
zèle, et les soldats de la république, furent
sous les armes.

« La force armée réunie, ayant à sa tête
le général Leblay, se mit en marche, sur-le-
champ, pour se réunir au détachement et se
porter sur les chouans. Les chasseurs de la
garde nationale, élus depuis quelques jours,
jaloux de donner des preuves de leur ardeur
pour le salut de la république et le bonheur de
leur pays, ont demandé avec instance et ont
obtenu du général Leblay la permission de
l'accompagner. Nous avons lieu d'attendre
de leur courage et de celui de nos frères le
plus grand succès. »

II.

Angers, 25 messidor an III. (11 juillet 1795.)

« Les suites du mouvement qui a eu lieu dans
cette ville le 23 messidor, sont on ne peut pas
plus heureuses; la force armée rassemblée dans

ce jour forma un corps de troupes d'environ
2,000 hommes qui ont traversé tout le pays, canton, et lieu de rassemblement que s'étaient
choisi les chouans depuis quelque temps.

« Après avoir battu tous les bois depuis Bécon jusqu'au Louroux, et depuis Le Louroux
jusqu'à l'abbaye de Pontron, lieu qui leur servait de repaire et où ils étaient, disait-on, en
force, notre avant-garde, composée des chasseurs d'Evreux et des jeunes gens d'Angers,
rencontra à peu près deux cents chouans dans
les bois qui se trouvent sur la route de Pontron
à Ingrandes. Ces derniers qui ne virent que
quelques chasseurs, et qui ne pouvaient aper-
cevoir la colonne qui défilait de l'autre côté du
bois, attaquèrent aussitôt nos éclaireurs et re-
gardaient déjà la victoire assurée; mais leurs es-
pérances furent bien trompées, car au premier
coup de fusil, l'avant-garde courut et se dispersa
dans les bois avec la rapidité de l'éclair. Les hussards chargèrent le long de la route, et en une
demi-heure les chouans disparurent, à cela
près d'une cinquantaine qui restèrent étendus
sur le champ de bataille. Les jeunes gens
d'Angers qui furent, il y a quelque temps, traités
de muscadins par les terroristes (qui tentèrent
en vain de relever leurs têtes courbées sous le
poids de tant d'iniquités) ont montré dans cette
affaire, de l'aveu du général et des troupes

avec lesquelles ils ont combattu, que l'on peut unir l'élégance et la propreté au mâle courage d'un bon républicain.

« Nous avons annoncé avec peine, dans notre dernière, la mort du brave Leleu, adjoint de l'intrépide Verpot; nous nous empressons de vous instruire avec un vrai plaisir, que la Patrie a toujours à son service ce digne républicain, et qu'il n'a pas été tué comme on nous l'avait dit. »

Quoiqu'Ingrandes ne soit point dans notre canton, cette petite ville en est tellement proche, que son histoire nous intéresse également ; d'ailleurs nous pouvons, par une 3e lettre, terminer ce paragraphe. C'est une pièce rédigée comme les précédentes au moment même de l'événement.

III.

« Lettre des officiers municipaux de la commune d'Ingrandes, aux administrateurs du district d'Angers.

Du 8 thermidor, an III.

« Les craintes dont nous vous avons fait part, se sont malheureusement réalisées. Les chouans en nombre considérable se sont portés hier sur

11

les 6 heures du soir, sur tous les points de la place d'Ingrandes. Après une légère résistance, ses postes étant trop faibles pour tenir, ils sont entrés de tous côtés dans la place; la troupe, après avoir perdu environ cinquante hommes tant tués que blessés, a fait retraite, une partie sur les postes de Montjean, l'autre sur le navire *le Citoyen*. Le mal n'a pas été aussi conséquent que les faux bruits, qui ne manqueront pas de se répandre, pourront vous le présenter. Les chouans se sont emparés de tous les chevaux qu'ils ont pu trouver.

« Nous sommes à bord du *Citoyen*, nous n'avons que des louanges à donner aux braves équipages des deux chaloupes canonnières stationnées à Ingrandes. C'est à leur activité, à leur bravoure qu'une partie des habitants et de la garnison doivent leur salut. »

§ 6. — 3ᵉ affaire de Pontron ; combat de La Cornuaille et de la Burlière, le 8 septembre 1795. — La commanderie de Villemoisan, le 3 avril 1796.— Affaire de Villemoisan, le 8 avril 1796.

Pontron a vu s'accomplir dans ces temps de nombreux faits d'armes. On nous a parlé de cinq ou six rencontres pour lesquelles il est difficile d'établir des distinctions sans documents. Pour ce 3ᵉ choc, si nous adoptons l'expression locale, des pièces quasi officielles sont tombées encore sous nos yeux et nous sommes heureux de pouvoir les mettre à profit. C'est-à-dire que nous nous servons du récit de ces événements racontés quelques heures après leur accomplissement.

I.

Angers, le 29 fructidor.

« En attendant que nous puissions vous donner le récit détaillé et *officiel* de l'affaire qui a eu lieu à Pontron, entre notre colonne, partie le 22 fructidor (8 septembre), et les chouans, nous croyons, pour calmer l'impatience que ce retard doit vous causer, devoir vous assurer que les chouans, réunis au nombre d'environ 3,000, ont été battus deux fois et fortement repoussés, quoiqu'une partie de notre armée fût employée à couvrir le convoi des grains qu'elle escortait. »

II.

Angers, le 1ᵉʳ jour complémentaire, an III.

« Le 22 fructidor, les troupes républicaines, partagées en quatre colonnes, se réunirent dans les landes d'Asnières (en Bécon), et furent camper dans celle qui est entre la Prévotrie et Le Louroux. Le général Monnet qui commandait la colonne, informé que l'ennemi était rassemblé en grand nombre aux environs d'Ancenis et principalement sur la route d'Angers au Louroux, c'est-à-dire à Herblon, Maumusson, Belligné et La Cornuaille, et désirant se mesurer avec lui, fit lever le camp sur les sept heures du matin et diriger la marche vers Pontron.

« A peine la tête de la colonne était-elle arrivée à la hauteur de l'abbaye, que les chouans sortirent de leur embuscade (d'un bois qui est à gauche en allant du Louroux à Pontron — à La Pinellière). Cette embuscade n'était que la gauche de l'ennemi, ses colonnes de droite et du centre n'étaient pas encore ébranlées. L'adjudant-général Malher, instruit de ce qui se passait à la droite de notre colonne, se porta avec quelques hussards du 6ᵐᵉ, des chasseurs d'Evreux et quelques compagnies de grenadiers, pour reconnaître la colonne du centre des chouans qui était aux environs du bourg de La Cornuaille. Il était à peine éloigné de 100 toises du convoi, que les hussards rencontrèrent les postes avancés de l'ennemi, qui tirèrent sur eux et les manquèrent. Les hussards tombent sur eux à leur tour, les sabrent et reviennent en informer l'adjudant-général Malher, qu'ils avaient devancé de quelques pas.

« Cependant l'ennemi se déployait rapidement sur sa droite ; Malher ordonna aux chasseurs d'E-vreux et aux grenadiers qui le suivaient, d'appuyer fortement la gauche, afin d'empêcher le développement de l'ennemi et pour dépasser son front de bataille. L'ordre était à peine donné que les chasseurs et les grenadiers franchissent les haies et les fossés avec une ardeur difficile à exprimer. Bientôt toute la colonne fut divisée en tirailleurs ; les hussards poursuivirent les chouans partout où ils purent passer et en expédièrent un bon nombre.

« Le général Monnet, après avoir déployé sa colonne sur sa droite, s'avança en bon ordre et au pas de charge, contre l'ennemi, qui, se voyant pris en flanc, voulut faire une manœuvre semblable à la nôtre, en cherchant néanmoins à s'étendre sur notre gauche. Nos troupes l'ayant mis en pleine déroute, le général fit battre le rappel pour faire revenir les tirailleurs. Ils étaient si acharnés à la poursuite des chouans, qu'il s'écoula plus d'une demi heure avant d'avoir pu rassembler un certain nombre d'hommes.

« La colonne s'en retournait au petit pas avec une sorte de sécurité, lorsqu'on aperçut à sa gauche un grand rassemblement d'hommes

11.

armés. On ne tarda pas à reconnaître à leurs
vociférations que c'étaient des chouans. La
colonne continuait son chemin au petit pas ;
mais à peine avait-elle dépassé un étang qui est
auprès de la route de Candé (l'étang de la Burlière), que l'on vint annoncer que l'ennemi s'a-
vançait. Cette colonne ennemie qui n'était point
la même que celle aperçue sur la gauche, avait
dû se tenir cachée dans quelque bois pour nous
surprendre. Un peloton de hussards s'avança
pour la reconnaître, mais il reçut une décharge
qui l'obligea de se replier. L'infanterie, après
avoir brûlé quelques amorces, tomba au pas de
charge sur l'ennemi, qui commença à s'ébran-
ler : un coup de canon tiré à propos acheva
de le mettre en fuite. Les hussards, et principalement ceux du 6ᵐᵉ, qui ne s'étaient pas encore trouvés à ces sortes de fêtes, le poursuivirent avec leur ardeur ordinaire et achevèrent
sa déroute.

« La colonne rentra à Ingrandes avec le convoi qu'elle escortait, et repartit le surlendemain.
Le général Bonneau qui était venu reprendre
le commandement, s'attendait à être attaqué
par l'ennemi. Il avait fait ses dispositions pour
le bien recevoir. Mais les chouans, sans doute
contents des dernières actions, n'ont osé se montrer et ont laissé fourrager tranquillement.

« L'ennemi a eu dans cette expédition un

très-grand nombre de tués et de blessés. On a distingué parmi les morts un chef nommé Damoiseau et une croix de Saint-Louis. De notre côté, nous avons eu quelques blessés.

« Généraux, officiers, soldats, tous se sont conduits avec une intrépidité et une fermeté dignes des plus grands éloges. »

De nombreux renseignements nous ont appris qu'une escarmouche assez importante eut lieu vers la fin de la guerre à la commanderie de Villemoisan, occupée par les chouans. Ils y subirent un véritable siège : nous pensons que l'on doit reporter à ce fait les premiers détails qui suivent, d'une rencontre qui eut lieu le 3 avril 1796.

« Les 14 et 19 germinal, les colonnes d'Angers et d'Ingrandes se sont battues à Villemoisan, où les chouans s'étaient rassemblés au nombre de plus de mille.

« L'affaire du 14, soutenue par la colonne d'Angers, a été très-meurtrière pour les chouans qui ont laissé beaucoup de morts sur la place, et emporté un grand nombre de blessés.

« Celle du 19, soutenue par la colonne d'Ingrandes, a été beaucoup plus sérieuse encore. Les chouans se sont d'abord présentés en assez bon ordre, et ont assailli nos postes de toutes parts ; mais quoique les rebelles fussent au nombre de plus de 1200, contre 250, ils ne

tardèrent pas à être mis en déroute. La bayonnette républicaine fit son effet, mais l'ardeur
des troupes faillit leur être funeste, car elles se
trouvèrent enveloppées de toutes parts, et il a
fallu fixer une nouvelle victoire pour se rem-
parer d'une position respectable. Le chef de
bataillon Dolnord, commandant d'Ingrandes,
au bruit de la fusillade, sortit avec sa garnison, arriva encore à temps pour contribuer à
mettre les chouans complétement en déroute.

« Ces rebelles ont laissé sur le champ de
bataille trente des leurs, et ont emporté une
immense quantité de blessés. Nous avons à
regretter la perte de six de nos camarades, et
quatorze blessés. Suivant les rapports, le chef
de bataillon Trouillet, qui commandait la colonne, a donné de nouvelles preuves de son sang-
froid dans le péril, et les citoyens Andrieu,
Seray et Imbert, officiers, se sont particulièrement distingués.»

§ 7. — Campagne de 1796. — Camps divers établis
dans le pays. — Traité de pacification définitive.

Moins que jamais la chouannerie ne voulut
s'avouer vaincue et consentir à déposer ses
armes. Le vicomte Marie-Paul-Alexandre-César
de Scépeaux resté l'un des chefs les plus in-

fluents de l'insurrection qui s'étendait sur toute la rive droite de la Loire, depuis Nantes jusqu'à Blois, avait établi son quartier général au château de Bourmont, en la commune de Freigné, près Candé. On voyait dans son état-major plusieurs émigrés échappés à la sanglante défaite de Quiberon. Avec leur concours il s'empressa d'organiser le plan général de la défense du territoire qui leur était confié.

Outre le camp de Bécon, qui fut maintenu, de Scépeaux en établit plusieurs autres autour de Candé. Ces camps étaient plus ou moins nombreux, selon la population des campagnes voisines; chaque jour les chouans se rendaient au camp qui leur était assigné, se soumettant aux appels et aux réquisitions, suivant la discipline introduite par les officiers émigrés (1).

A la moindre apparition des troupes républicaines, le cornet à bouquin, signal du ralliement des chouans, se faisait entendre de toutes parts. L'armée de Scépeaux s'approvisionnait de munitions de guerre au Mans et à Angers. Au risque d'être découvert, le jeune de Bourmont se chargea souvent de cette commission périlleuse.

Dans ce temps furent organisés les camps de

(1) Alph. Beauchamp, *Guerres de la Vendée*, t. III, p. 306.

Beauchesne, à Chantocé, de la Huttière, à Montrelais, de Lougères, à Saint-Augustin-des-bois, du Vivier, à Villemoisan et sans doute celui de la Monnerie, au Louroux. Nous avons pu constater que Julien Fourrier était capitaine au camp du Vivier, le 27 septembre 1795; que Jean Legendre l'était à Beauchesne, le 4 novembre suivant; Jean Monouri, avait le même grade à celui de la Huttière, le 19 du même mois; qu'Alexis Diot, Mathurin Bedouet, Pierre Cherreau étaient soldats le 23 et le 29 novembre à Beauchesne; et que Joseph Marion l'était le 27 à Lougères. Le 10 mai 1797, Charles de Beaumont d'Autichamp, chevalier de Sainte-Gemmes-sur-Loire, alors au camp de Beauchesne, remplissait au camp du Vivier, l'office de parrain d'une enfant nommée Emilie, dont on laissait ignorer le nom de famille.

D'un autre côté, Puisaye avait organisé la résistance en Bretagne. Bientôt ce chef voulut se mettre en relation avec le vicomte de Scépeaux, avec Stofflet et Charette. Il indiqua le territoire du premier d'entre eux pour la première tenue d'un conseil, dont il fixait l'époque au 20 janvier 1796. Toutefois, il était dans les règles des commandants royalistes d'opérer chacun pour son propre compte et d'après ses inspirations personnelles.

De Scépeaux resta donc dans l'Anjou. Il y

fut assez heureux pendant quelque temps. Il
y surprit plusieurs convois dont il s'empara,
et battit à diverses reprises plusieurs détachements républicains. Ces succès éphémères ne
pouvaient toutefois décider la querelle et ne
faisaient que retarder la chute du parti royaliste.

Sa division se trouva bientôt enfin en présence du général Hoche, militaire d'une réputation immense qui joignait la vigueur dans
l'exécution à la profondeur des vues. Avec
30,000 hommes, celui-ci tomba sur de Scépeaux
le défit en trois combats à Auvernay, à Ancenis
et à Saint-Sulpice. Il le poursuivit avec achar-
nement, le relança jusque dans ses forêts et
le contraignit à déposer les armes le 22 avril
1796 (1).

Le vicomte de Scépeaux et ses principaux
officiers donnèrent leur adhésion à la conclusion de la paix, dans une déclaration datée
d'Angers le 14 mai suivant. L'armée de la rive
droite de la Loire déposa alors ses armes
dans les places d'Angers, de Segré, de Saint-
Georges et d'Ingrandes.

Après avoir engagé ainsi sa parole dans deux
traités successifs, de Scépeaux fut fidèle aux

(1) Bourniseaux, *Guerres de la Vendée*, t. III,
p. 175 et 178.

second. Il ne reprit point les armes en 1799, et le canton du Louroux-Béconnais qu'il avait longtemps tenu dans l'agitation rentra dans le calme, dont à tort on l'avait fait sortir (1).

(1) Alph. Beauchamp, *Guerres de la Vendée*, t. III, p. 381.

CHAPITRE VI.

EXACTIONS, CRIMES ET VENGEANCES.

Avec un gouvernement qui prenait pour sa devise le mot liberté, il est étrange que l'un des premiers abus qu'on doive signaler soit tout justement la négation de la liberté du commerce. Les produits industriels du pays n'en purent plus jouir désormais. Celui qui avait récolté ses grains ou ses vignes, loin de pouvoir en faire son profit par l'exercice du droit que tout possesseur a de vendre ce qui lui appartient, dut se le voir confisquer au profit de la nation. Nous n'avons vu qu'une seule fois qu'on l'ait remboursé de ce qu'il avait ainsi délaissé pour les tiers. C'était de la fraternité, nous le voulons bien, mais dans un sens despotique; car enfin, personne ne doit être obligé à des offrandes qui ne sont pas complétement volontaires. Nous allons enregistrer une série d'actes de cette nature.

12

Francastel, le sévère représentant du peuple, qui a laissé dans l'Ouest une réputation exceptionnelle de cruauté, voyant qu'Ingrandes éprouvait une véritable disette de subsistances, invita, le 7 janvier 1794, les communes voisines à venir fraternellement à son secours. Une injonction semblable d'un tel homme était un ordre formel. Le Louroux-Béconnais n'eut garde de refuser. Il autorisa le 12 du même mois les boulangers d'Ingrandes à recueillir dans la commune les grains nécessaires aux troupes de la République qui passaient journellement dans cette ville.

Le 14 janvier, le receveur général de l'hôtel-Dieu d'Angers se présente à son tour pour obtenir aussi la délivrance d'une certaine quantité de grains. On lui répond, qu'en présence du réquisitoire précédent, des mesures ont été prises et qu'il ait à se pourvoir ailleurs.

Le 22, le conseil du district d'Angers réclame des communes de Bécon et du Louroux de fournir aux habitants de la commune de Savennières les blés qui lui sont indispensables pour son existence pendant un mois.

La municipalité de Saint-Georges est autorisée, le 10 février, à obtenir, au Louroux, pour ses indigents, la remise de 67 septiers de blé jugés indispensables. Cette fois le district indique nominativement ceux qui doivent être mis à contribution. Ce sont les citoyens ;

Lagrange, à Vernou , pour 17 septiers ;

Boré, à la Picoulais, pour 20 septiers ;

Robineau, à Pontron, pour 30 septiers.

Au Louroux, vingt-cinq septiers de grains sont encore requis , le 15 mai 1794, pour les ateliers des travaux de la grande route d'Ingrandes.

Enfin, le district d'Angers prend, le 23 août 1794, un arrêté ainsi conçu :

« Art. 1. Les communes du Louroux, Bécon et la Cornuaille fourniront 1200 septiers de grains au moins pour l'approvisionnement de la commune d'Angers.

« Art. 2. Le général commandant de la force armée de notre commune et des différents cantonnements de ce district, et le commandant de la place, seront invités à faire escorter les commissaires chargés de l'enlèvement de ces grains par un détachement de deux cents gardes nationaux armés, afin de protéger d'une manière efficace l'enlèvement desdits grains et à ordonner au commandant du détachement envoyé à Candé de se rendre à la Cornuaille pour y être à la disposition desdits commissaires, et prendre d'eux tels ordres qu'ils jugeront convenables pour l'exécution desdites opérations. »

Les commissaires nommés furent Laurent Bougère, Toutain, Moreau, Chéneau, Viot, Abraham, Védie, Gaignard, Leroy, Renou, Chassebœuf-Labhé.

L'hôpital civil et militaire d'Angers s'adressa de nouveau au Louroux, le 29 août, à la veuve Thouin, pour obtenir d'elle huit fournitures de froment et deux de seigle. Le tout était destiné aux malades.

L'excédant des grains du Louroux et de la Cornuaille fut même transporté à Angers le 18 octobre et voituré au magasin national établi dans l'ancien collége, rue des Petits-Murs : une escorte armée accompagna le convoi.

Ces opérations ne laissaient pas que de faire de nombreux mécontents et de provoquer des murmures. Les autorités locales éprouvaient une vive opposition. Quand il leur fallut encore fournir 450 nouveaux quintaux de grains dans la commune du Louroux, elles se trouvèrent en présence de véritables dangers pour opérer leur recensement. Aussi, pour obéir aux réquisitions qu'elles avaient reçues, leur fallut-il le 13 décembre 1794, faire nommer des commissaires par la ville d'Angers, avec mission de faire eux-mêmes le travail.

Ce furent aussi des bois pour la marine qui furent réclamés dans les campagnes. Saint-Clément-de-la-Place, la Cornuaille, le Louroux,

Saint-Augustin-des-Bois, et Villemoisan furent
mis à contribution. Le 27 février 1794, des
experts chargés de visiter et de faire abattre
les arbres propices se présentèrent. Ils dres-
sèrent leurs procès-verbaux et firent leurs réquisitions de travailleurs.

Lorsqu'on voulut procéder à l'enlèvement
de ces bois, le 6 décembre, les chouans se
portèrent en masse sur la route dI'ngrandes.
Il s'ensuivit l'escarmouche que nous avons racontée dans un précédent chapitre.

Le pays tout entier était en insurrection, et
l'on comprend que l'on mit un vif intérêt à ne
pas laisser à la disposition des rebelles les
denrées et les approvisionnements qui eussent
pu leur servir. De là ces mesures qui consis-
taient à tirer particulièrement de la contrée
les grains produits par elle, afin de les mettre à l'abri du pillage.

Les exactions se faisaient en effet remarquer
de toutes parts. Ainsi, le 25 janvier 1795, les
chouans se présentèrent à la ferme de la Bor-
derie, et ils contraignirent Godiveau, par force,
à leur verser trois cents livres sur le prix de
ses fermages. Le 31 du même mois, c'était au
Grand-Quinzé et à la Névourie, où Carré et
Gourdon leur payaient, l'un 1100 francs,
l'autre 400 francs pour leurs termes. Le 4 avril
suivant, ils revenaient chez Carré, au Grand-

12.

Quinzé, et ils se faisaient remettre par lui une nouvelle somme de 1100 francs.

Dans d'autres circonstances les brigands, le 3 mai 1794, quelques jours avant l'incendie du Louroux, avaient pénétré à minuit chez Jean Viau, au Chillon. Après avoir allumé eux-mêmes une chandelle, ils s'étaient installés à table et y avaient pris tranquillement leur repas. Viau, pour n'être venu faire sa déclaration que le lendemain, à sept heures du matin, se vit décréter de prise de corps et traduire devant le comité révolutionnaire d'Angers.

A Piard, dans la nuit du 4 au 5 brumaire an III (25-26 octobre 1794), vers 7 ou 8 heures, soixante-dix hommes environ se firent ouvrir par menaces, les portes de la maison, par le gardien de Mme de Lancrau. Leur premier soin fut ensuite d'aller au cellier. Quatre barriques du vin récolté dans les vignes du domaine s'y trouvaient. Ils en défoncèrent deux, qu'ils se mirent en train de boire et de vider à l'aide des bouteilles trouvées sur les lieux. Ils ne partirent que vers une heure ou deux du matin, emportant avec eux leurs provisions de vin, et menaçant de mort François Sautereau, s'il les dénonçait aux autorités.

Les autres barriques de vin n'ayant pas pu être enlevées par suite du départ pourra Gachetière d'une escorte qui fut commandée, ainsi que nous l'avons dit précédemment, il fallut ajourner cette opération. Ce fut fâcheux, car dans la nuit suivante, les mêmes brigands, en nombre égal, revinrent au cellier de Piard entre huit et neuf heures. Le vin était bon sans doute, puisqu'ils ne quittèrent la cave qu'après avoir vidé une troisième barrique.

Sur une nouvelle plainte qui lui fut portée, le maire envoya de suite un peloton de la troupe qui venait de rentrer au Louroux, depuis à peine une heure, et la dernière barrique fut amenée sous escorte dans le bourg. Elle y fut vendue quelques jours après, au prix du maximum.

Ce prix de maximum que nous rencontrons sous notre plume, nous rappelle de nombreux motifs d'irritation qu'enfant nous avons entendu formuler contre les lois qui, dans ces temps, assujettissaient tout à des prix réglementaires. Comme étude de mœurs, nous voulons ajouter à notre esquisse historique le maximum du salaire des domestiques et ouvriers du Louroux, d'après un arrêté pris le 16 avril 1794, en exécution des ordres du district d'Angers :

1° Un journalier, depuis le 1er mars jusqu'à la Toussaint gagnait, en 1790, 8 s. gagnera au maximum, 12 s.

2° Un journalier occupé à la moisson et nourri, 12 s. 18 s.

3° Un journalier occupé à la moisson, non nourri,   18 s.   25 s.

4° Un bon bouvier en cas de conduire un harnais, par an,   90 liv. 135 liv.

5° Un métivier, pour 4 mois.   54 liv. 81 liv.

6° Ouvriers en bâtiments maçons, charpentiers, couvreurs, menuisiers, étant nourris,   15 s.   22 s.

7° Les mêmes ouvriers depuis mars à la Toussaint,   25 s.   37 s. 6 d.

8° Un domestique en cas de conduire un ménage,   48 liv. 72 liv.

9° Un faucheur, nourri chaque jour,   20 s.   30 s.

10° Une journée de bœuf,   8 s.   12 s.

11° Une journée de cheval,   30 s.   45 s.

———

Nous allons aborder maintenant le récit d'une série de crimes et d'actes de vengeances. Notre plume a hésité longtemps à les écrire, mais c'était notre devoir, si nous voulions essayer d'être complet, Nous ne parlons qu'avec des pièces d'informations sous les yeux. Seulement nous observerons que nous n'avons trouvé nulle part les preuves que les coupables aient été découverts et punis.

Le 15 mars 1794 dix-huit *brigands* (c'était le nom qu'on donnait généralement aux chouans) entrèrent armés chez Dupont, officier municipal de la Cornuaille, et se firent servir du vin et des vivres en employant des menaces. Pendant qu'ils étaient à table, vers cinq heures du soir, ceux qui faisaient le guet s'écrièrent: « Aux armes! voilà les bleus ! » Tous se précipitèrent vers un voyageur qui passait dans la route. C'était un jeune homme inoffensif, de la commune de Saint-Clément-de-la-Place, du nom de Thouin. Ils l'entourèrent aussitôt. Puis ils tirèrent sur lui un coup de feu à bout portant, le descendirent de cheval, l'entraînèrent dans un champ voisin et l'assassinèrent: il tomba percé de plusieurs balles. Cela se passait sur le territoire de la Cornuaille.

Dans une seule nuit aux villages de la Confordière et des Forestries (1), en la commune de Bécon, trois meurtres furent commis, sur Etienne-Philippe Caternault, bourgeois et of-

(1) Ces deux métairies sont voisines l'une de l'autre.

ficier municipal, Joseph Philippeaux, son domestique, et Joseph Ravain, maître en chirurgie (1). Ces crimes exécutés presque simultanément ont laissé dans les populations des souvenirs ineffaçables. On s'en raconte les particularités, et si nous n'avions point retrouvé le procès verbal du juge de paix Gaudin, nous aurions peine à y ajouter foi. Ce fut dans la nuit du 2 au 3 floréal an II (21-22 avril 1794). Soixante chouans pénétrèrent vers minuit dans la maison de Caternault par une fenêtre, dont ils brisèrent le contrevent. Lui ayant ordonné de sortir pour venir parler à leur commandant, sa fille voulut l'en dissuader; elle se jeta devant son père, l'enlaçant dans ses bras et demandant grâce pour lui. Les lâches assassins le frappèrent alors d'un coup de bayonnette. Caternault de tout le poids de son corps, s'affaissa entre les mains de sa fille, puis tomba à terre. Aussitôt il reçut la décharge de deux coups de fusil. Bodet, officier de santé, constata ses blessures. Philippeaux avait été atteint de même d'un coup de bayonnette et de deux balles. Quant à Ravain, après l'avoir engagé à s'habiller, les

(1) Ravain avait acquis nationalement le prieuré de Sainte-Catherine de Bécon, qui dépendait de l'abbaye de Saint-Nicolas d'Angers.

chouans lui lièrent les mains et le fusillèrent dans sa propre maison. Il avait reçu une balle dans l'oreille droite et un coup de bayonnette à la poitrine.

Durant cette nuit du 2 au 3 floréal, sur un autre point du territoire de Bécon, au Tremblay, vers trois heures du matin, au domicile du nommé Bertry, une troupe de gens inconnus s'était livrée à un véritable pillage de ses meubles. Son secrétaire avait été fracturé, sans doute pour y chercher les valeurs en numéraire qu'il pouvait renfermer. Il fut heureux que les maîtres fussent absents, car peut-être eussent-ils eu le même sort que Caternault,

A la Thommellerie, de la Cornuaille, le 17 mai, Michel Lamoert, 48 ans, laboureur, était assassiné d'un coup de fusil par les brigands, en sa maison, à neuf heures du soir.

Trois fonctionnaires, Foucher, agent national, et Henri Gouin-Terrandière, officier public à Angrie, ainsi que Pierre Corsonnet, notable de la Cornuaille, se présentèrent tout émus, le 30 mai 1794, devant le maire du Louroux. Ils lui déclarèrent que, se trouvant sur le territoire de sa commune, revenant de Candé, ils venaient de rencontrer sept *brigands* armés qui, à la distance de cent cinquante pas, avaient fait sur eux une décharge de mousqueterie. Aucun d'eux

n'avait été atteint, grâce à une course rapide
de leurs chevaux. Après avoir fait consigner
leurs déclarations, ils regagnèrent leurs domiciles, à la Gachetière.

Dans la nuit du 28 au 29 juillet suivant,
deux assassinats furent commis sur le territoire de la Cornuaille : le premier, à trois
heures du matin, à Belair, sur la personne de
Michel Tallourd, âgé de quarante ans, laboureur, tué par les chouans, dans le chemin proche sa maison. Le second, sur Julien Dupont,
âgé de trente-trois ans, frappé dans un pré,
nommé le Chantre, situé à trois cents pas du village de la Haute-Haye, d'un coup de hachereau,
dont le tranchant lui était entré dans le cou.
Les brigands étaient venus le trouver dans sa
maison. Ils l'en avait fait sortir à quatre heures
du matin et l'avaient entraîné à peu de distance de sa demeure.

Les registres de l'état-civil du Louroux constatent le 1er août 1794, que Pierre Macé, âgé
de 22 ans, domestique à Lepinay, fut tué par
les chouans.

Le même jour, à dix heures du matin, un
messager qui faisait habituellement le trajet
de la Cornuaille à Angers, fut assassiné au
bois de la Loge, dans une pièce de terre dépendant de la métairie de la Grande-Pinel-
lière, au Louroux, à cinq cents pas environ du

bois de la Loge. Son nom était Henri Chauveau ; il avait quarante-cinq ans et était domicilié au bourg de la Cornuaille. A la nouvelle de cet événement plusieurs personnes étaient accourues accompagnées d'un détachement du bataillon cantonné au bourg de cette commune. Ils trouvèrent bientôt le cadavre, dont la tête avait été fracassée par une balle.

Gaudin, juge de paix de Saint-Clément-de-la-Place, rédigea un procès-verbal constatant que les 13 et 14 août 1794, Claude Beaugé, âge de soixante-trois ans, et René Augé, âgé de trente-sept ans, agent national de cette commune, avaient été tués à six heures du soir les 12 et 13, l'un dans le bourg même de Saint-Clément, l'autre dans le chemin qui conduit aux Brosses. Ils avaient été les victimes d'une *horde* de chouans.

Les routes étaient peu sûres. Après l'agression du 30 mai, celle du Louroux à Candé, fut à la hauteur de la métairie de La Goderie, le théâtre d'un assassinat sur la personne du nommé Coquin, garde magasin des subsistances militaires à Candé. Ses fonctions laissent soupçonner de suite de quel côté étaient les agresseurs : c'étaient évidemment les chouans. Atteint par eux de plusieurs coups de fusil et la figure hachée de coups de sabre, il était mort vers six heures du soir le, 22 août

13

1794. Son cadavre fut enterré sur les lieux, en présence de trois volontaires d'un bataillon du 72ᵉ régiment, en garnison au Louroux. La jument de ce malheureux avait été tuée aussi d'un coup de feu. Elle était tombée dans le fossé, non loin de son maître.

Un jeune homme de dix-huit ans, René Clain fut encore assassiné par les brigands, durant la nuit du 3 au 4 septembre, dans les étables de la métairie de Vieilleville, de Bécon.

A sept heures et demie du soir, le 4 septembre, à Saint-Jean-des-Marais, au village d'Aisance, le nommé Michel Mathurin Dénécheau, âgé de vingt-huit ans, dont le père demeurait à Angers, est trouvé mort dans un petit chemin. Deux coups de feu avaient été entendus par divers témoins, mais ils n'avaient vu personne. Pour l'infortuné jeune homme, il avait été frappé, à la tempe gauche, d'une balle qui était sortie derrière l'oreille droite. Une seconde balle avait porté dans la poitrine. Les assassins restèrent inconnus : c'étaient les chouans.

Transportons-nous un instant à Bécon où plusieurs crimes accomplis coup sur coup vont attirer l'attention.

Dans la nuit du 5 des sans-culottides de l'an III (21 septembre 1794), au milieu d'un pâtis, à la métairie des Petits-Mortiers, le cadavre

de Marguerite Loyeau, femme de Pierre Mirleau, vêtu d'une chemise seulement, est exa-
miné par Claude Guillaumot, chirurgien-ma-
jor au 4ᵉ bataillon d'Indre-et-Loire, stationné
à Bécon. Il remarque trois blessures, qui toutes
ont dû provoquer la mort. L'une est un coup
de fusil au bas ventre, l'autre un coup de feu
qui a emporté le crâne et le dernier un coup
de bayonnette à la cuisse droite. Les assassins
étaient au nombre de six, armés de fusils et
de pistolets et habillés uniformément de bleu
et de gris, avec parements rouges.

Quelques détails ajoutent à l'horreur de ce
crime : après avoir mené à plusieurs reprises
la femme Mirleau de sa maison à celle d'une
voisine, les chouans l'avaient terrassée dans
son pâtis d'un coup de feu et l'y avait laissée
expirante. Entendant ses lamentations, ils
étaient revenus plus tard l'achever d'un second coup de fusil. Pendant ce temps la femme
de Pierre Brossas les avait vus recharger
leurs armes, disant que son tour était venu.
Ils l'avaient fait mettre à genoux pour la fusiller, lorsque son neveu, Pierre Brossas,
âgé de dix-sept ans, sortant d'une cachette où
il s'était blotti, s'était jeté au-devant d'elle im-
plorant sa grâce. Sur ses instances, ils accor-
dèrent la vie à cette femme, mais sous la
menace de la *faire brûler* au premier jour, si

elle révélait ces faits. Quant à Pierre Brossas, les brigands avaient cru d'abord le reconnaître pour le nommé Joseph Morin qu'ils recherchaient. Ils l'avaient contraint de se mettre à genoux en lui enjoignant de dire son *Confiteor*, parce qu'ils allaient le passer par les armes. Ils ne l'épargnèrent que parce qu'ils reconnurent leur erreur.

Pendant la soirée suivante, celle du 1er vendémiaire (22 septembre), à Lande-Ronde, Joseph Morin, domestique, est enfin trouvé par eux et assassiné. Est-ce parce qu'il avait à son chapeau une cocarde aux trois couleurs? Nous ne le pensons pas. Claude Guillaumot constata sur lui les traces d'une balle et de huit coups de bayonnette sur toutes les parties du corps. Il indique en outre que le nez est coupé à coups de couteau et que le cadavre porte les traces de nombreux coups de crosse de fusil. L'information révèle que six individus armés, des chouans, les mêmes évidemment que nous avons vus aux Petits-Mortiers, étant entrés dans la cuisine de Lande-Ronde, se saisirent de Morin au moment où il y entrait. Ils l'entraînèrent immédiatement dans la cour, en le poussant à coups de bayonnette et en lui criant: « Tu nous a quittés ; nous te tenons enfin ! » Se reculant ensuite de sept à huit pas, ils l'ajustèrent et Morin tomba mort frappé d'une balle. Les chouans dans cette expédition, étaient porteurs des mêmes costumes que chez la femme Mirleau. A n'en pas douter, c'étaient les mêmes hommes.

A la Pasqueraye de Bécon, dans la soirée du 16 vendémiaire an III (7 octobre 1794), au moment où il rentrait d'Angrie, où il avait fait emplette de deux bœufs, René Louis Foucault, cultivateur, est tué à la porte de son écurie. Frappé de deux balles à la tempe droite et au sein gauche, atteint encore de cinq coups de bayonnette, il est tombé sous les coups de deux agresseurs qui l'attendaient dans un lâche guet-apens. Le pauvre père, âgé de soixante-dix-huit ans, est témoin de la lutte suprême dans laquelle succombe son fils. Lors de la tutelle de son enfant mineur, la veuve déclare que Foucault est mort tué par *les brigands*.

Un habitant de la commune de Champtocé fut aussi tué sur le territoire de Saint-Augustin-des-Bois, alors appelé les Grands-Bois, le 28 octobre. Le juge de paix de Beausite (Saint-Georges-sur-Loire), vint reconnaître son cadavre à la métairie de La Grée. Il était étendu à terre dans le chemin ; il fut reconnu pour celui de Gabriel Le Franc.

Une troupe de ces même brigands, envahit dans la soirée du 9 novembre, sur les huit

13.

heures, le village de la Haloperie, en la commune du Louroux. Ils font sortir François Lardeux de sa maison, sous le prétexte de leur montrer le chemin du bourg. Celui-ci est, presque sur le seuil de sa porte, atteint de deux coups de bayonnette dans la poitrine et d'une balle qui lui traverse le corps de part en part.

Les scellés sont apposés dans l'ancienne maison curiale de Saint-Jean-des-Marais, qui servait de demeure à René-Guy Avril, âgé de soixante ans, maire et officier municipal, mort victime du brigandage le 18 novembre suivant.

Le même jour, à cinq heures du soir, Pierre Lory, sabotier, demeurant en la même commune des Marais, est massacré par les chouans. Une délibération du conseil de famille de ses enfants mineurs ne nous indique aucune des circonstances qui accompagnèrent ce meurtre commis auprès de l'église.

Dans une seule nuit, en la commune de la Cornuaille, quatre assassinats vinrent attrister la population. Ce fut le 12 décembre 1794.

Le premier est celui de Louis Joliveau, âgé de 36 ans, tailleur d'habits au village de la Juterie. Frappé le soir à onze heures, il mourut le lendemain à 7 heures du matin.

Le deuxième est celui de Jean Jousseau, filassier, au même village, tué à onze heures et demie du soir.

Le troisième, celui de René Tallourd, premier capitaine de la garde nationale de la commune, atteint à mort, à onze heures du soir, au village de la Fourerie.

Le quatrième celui de Pierre Cherouvrier, garçon menuisier, assassiné à deux heures du matin, au même village de la Fourerie.

A l'époque où le deuxième bataillon de Valenciennes était en stationnement à Bécon, l'un des soldats qui en faisaient partie, le nommé Claude Yenveux, sergent, né au district de Langres, fut trouvé mort sur la grande route, dans les landes de Gourmaillon. Sur la réquisition de J. Falcy, commandant du bataillon, le juge de paix dut, le 29 janvier 1795, se livrer à une information. Deux coups de fusil avaient fait sauter la cervelle et brisé le bras gauche de cette infortuné, qui de plus avait reçu un coup de sabre au travers du nez et de la joue droite. Surpris à trois quarts de lieu de Bécon, ce militaire avait été lâchement massacré. On s'empressa de l'enterrer dans un fossé, près de l'endroit où il avait été trouvé.

Un autre militaire, Jean Daudemont, trente ans, caporal au 2ᵉ bataillon de la 61ᵉ demi-brigade, 8ᵉ compagnie, né à Tourlaville

(Manche), mourut au bourg du Louroux le 9 mars 1795. Est-ce de maladie, de blessures ou autrement? Rien ne nous l'apprend. Mais nous pouvons toujours présumer que cette demi-brigade était en garnison dans le bourg.

Quelques mois plus tôt, deux cavaliers en résidence à Bécon, Claude Péan et Jean Garnier, étant d'ordonnance le 3 novembre 1794, entre les communes de Saint-Lambert-la-Potherie et Saint-Léger-des-Bois, avaient été tués par les chouans, sur la grande route d'Angers.

Dans la nuit du 2 janvier 1795, Louis Plessis, Jean Boivein père, ainsi que Jean Boivein son fils, métayers à Lourgrai, en la commune de Saint-Augustin-des-Bois, furent également assassinés en leurs domiciles à Lourgrai.

Mais durant l'année 1795, ces scènes de sauvagerie semblèrent s'apaiser un peu et nous n'en trouvons plus que quelques exemples :

Le 1er avril, Julien Jacquelin, âgé de 40 ans, est trouvé mort dans la prairie de l'Ormeau, à Bécon ; il avait reçu plusieurs coups de bayonnette.

L'acte de décès de Gabriel Fourier, âgé de 35 ans, rédigé le 27 fructidor an III (13 septembre 1795), indique qu'il fut tué dans sa maison par les républicains, au Louroux.

Le nommé Pierre Bedouineau, métayer à Saint-Augustin-des-Bois, fut encore assassiné pendant le même mois, en sa demeure, au village de la Benardière. Les brigands avaient, le 24 septembre, enfoncé sa porte et lui avaient tiré un coup de fusil en pleine poitrine.

Peu de jours après, le 29 septembre suivant, Pierre Boino, journalier à Saint-Georges, périt aussi à Saint-Augustin, dans le bois du Jaunay, frappé à la poitrine d'un coup de fusil.

Barthélemy Gastineau, jeune homme de 17 ans, fut, le 3 février 1796, tué dans la grande aire de la cure de Bécon, par la troupe républicaine.

Les actes de l'état-civil de la Cornuaille nous révèlent de la même manière que le 18 février suivant, René Bourgeais et Marie Freneau, sa femme, avaient été assassinés à 4 heures de relevée, en leur demeure, à la Poutière, par deux inconnus porteurs du costume des soldats de la république.

Le 4 mars, Roch Gauthier, cultivateur, fut de même atteint par l'armée de la république à la métairie de la Petite Pochinière, à Bécon.

Pour constater tous ces crimes nous n'avons que les seules indications que peuvent contenir les actes de l'état-civil. Un procès-verbal nous révèle au contraire les moindres détails de deux assassinats commis au même instant, le soir du 9 mai 1796, au soleil couchant, dans des circonstances atroces. Deux cadavres furent trouvés à terre, dans le bois du Marais : c'étaient ceux de Mathurin Bricault, âgé de 62 ans, tisserand, et de Pierre Gaudin, journalier, tous deux de la commune de Saint-Clément-de-la-Place. Le premier avait été frappé d'un coup de fusil à la tête, le second égorgé à coups de couteau ou de sabre. Tous les deux furent enterrés dans le bois. Personne ne mit en doute qu'ils n'eussent été l'objet des brigandages de la chouannerie.

Vers le même temps, René Bodin, de Saint-Clément-de-la-Place, fut encore tué par les chouans, le 6 mai, dans une pâture dépendant du village de la Guitais. Il était mort de plusieurs blessures reçues à la partie postérieure de la tête. Des témoins qui l'avaient trouvé, l'enterrèrent quatre jours après, le 10 mai, dans un fossé, près de l'endroit où il avait été massacré.

Enfin, pour mettre un terme à la longue et sinistre nomenclature de ces infamies, constatons qu'au mois de décembre 1797, trois individus de la commune des Marais furent accusés d'avoir eu la mission abominable de mettre à exécution une liste sur laquelle étaient

inscrits *dix-huit* ou *dix-neuf* personnes qu'ils
devaient faire périr. De tels soupçons dé-
montrent jusqu'à l'évidence combien grande
était l'irritation générale et combien nombreuses devaient être les vengeances politiques.

A l'abri de nos dissensions intestines les
coupables furent inutilement recherchés : la
plupart échappèrent à la vigilance de la justice et ces crimes furent impunis. Les autorités locales ne furent pourtant pas inac-
tives, mais les moyens de punir leur échappèrent. Pourtant quelques criminels payèrent
parfois de leur vie leurs forfaits. Nous pouvons mentionner entre autres une exécution
capitale qui eut lieu à Angers le 12 nivose
an V, par suite d'une sentence du 8 septembre
1796, rendue par le tribunal criminel de cette
ville. Six individus, dont un, Jacques Bourneuf,
né à Saint-Augustin-des-Bois, furent convaincus
d'être les auteurs de différents vols, meurtres,
assassinats et *brûlements de pieds*. Après avoir
été exposés aux regards du public, ils portèrent leurs têtes sur l'échafaud (1). Ces hommes
devaient être de ceux qu'on a surnommés les
chauffeurs.

(1) *Affiches d'Angers*, n° 51, du 13 nivose an V.

CHAPITRE VII.

LA POLICE CANTONALE.

Il nous paraît utile de publier un certain nombre de documents émanant du tribunal révolutionnaire d'Angers, et de quelques autorités locales.

Presqu'aucun d'eux n'est connu : un petit nombre offre un intérêt général, mais quelques uns possèdent une véritable valeur au point de vue privé de notre canton. La plupart indiquent les noms de ceux qui furent compromis au temps de la terreur et sacrifiés sans doute par les diverses juridictions. Nous serons bref dans nos citations et nous ferons un choix parmi les pièces nombreuses que nous avons à notre disposition. Notre but est, en présentant ici un complément de nos précédents chapitres, d'y joindre une simple nomenclature de pièces justificatives : nos observations seront courtes et fort rares.

1. — Aujourd'hui 9 avril 1795, nous avons reçu des citoyens Lair, adjudant dans la garde nationale de la commune du Louroux, et Renier, lieutenant, le nommé Collas qui a été conduit à la commune de Bécon, pour être conduit à Angers.

Signé M. Moreau, procureur de la commune et de Meaulne, officier municipal.

2. — Sur ce qu'il nous a été assuré que le citoyen Riotteau, capitaine de la garde nationale de la Cornuaille, étant à l'armée de l'Ouest, aurait été tué ou fait prisonnier à la bataille de Beaupréau, — un second acte dit dans l'attaque de Morveaux,—qui s'est donnée entre nos frères d'armes et les brigands ; voulant donner à la mémoire de notre concitoyen les marques que mérite son zèle pour le bien public, nous requérons le juge de paix d'apposer les scellés sur les meubles et effets restés en sa maison de Saint-Gilles, près la ville de Candé, située en la commune de la Cornuaille. Le 30 avril 1793.

3. — La municipalité du Louroux nous a remis ce jour en main un procès-verbal constatant l'arrestation d'un homme et de deux femmes. Ce 14 septembre 1793. Signé Oger, adjudant-major et Hayer, brigadier.

14

4. — Nous, gendarmes nationaux des brigades de Segré et Candé, stationnés à Candé, reconnaissons avoir reçu les nommés Michel Robineau, dit La Jeunesse, tisserand, demeurant à la Voisinais, paroisse du Louroux, Jean Lequeu, demeurant chez son père à Moiron, dite parroisse du Louroux, et Jacques Robin, marchand au bourg, lequel Robin a déjà été interrogé et l'avons *jugé coupable* (1) sur nouveaux renseignements. Ensemble les mandats d'arrêts, etc. Au Louroux, le 16 septembre 1793.

5. — Nous, gendarmes de la brigade de Segré, en station à Candé, reconnaissons avoir reçu onze volontaires déserteurs de leurs drapeaux pour être reconduits à leurs bataillons, ainsi qu'il a été jugé par le citoyen juge de paix. Au Louroux, le 18 septembre 1793.

6. — Nous maire et officiers municipaux de la Cornuaille, certifions que... nous a remis ce jour 18 septembre 1793, un homme soldat

(1) Messieurs les gendarmes s'érigeaient ainsi en juges !! Ils empiétaient, ce semble, sur les droits des magistrats.

volontaire du 13° bataillon de Seine-et-Oise.
avec le procès-verbal de son arrestation.

7. — Voici une pièce tout à la louange des
habitants du Louroux et dont leur civisme dut
être excessivement flatté :

Je, commandant du bataillon de Dieppe, 8°
de la Seine-Inférieure, commandant tempo-
raire de la force armée à Candé, reconnais
qu'il m'a été remis aux mains le procès-verbal
d'arrestation de plusieurs volontaires des bataillons de Seine-et-Oise, 12° et 13° du département ;

Faisant droit sur la demande et réclamation
du juge de paix et du commandant de la garde
nationale de la commune du Louroux que les
cartouches par eux trouvées dans les gibernes
des arrêtés soient laissées à la dite commune
pour sa propre défense, attendu que ladite
commune n'a aucunes munitions ;

Nous, considérant la conduite brave et républicaine de ladite commune et des habitants
du Louroux d'avoir arrêté dix-huit déserteurs
des 12° et 13° bataillons de Seine-et-Oise, et
qu'à ce moyen des gens aussi braves doivent

avoir des munitions, puisqu'ils en font un si noble usage;

Consentons que les cartouches par eux réclamées restent en leurs mains comme dans celles de vrais défenseurs de la patrie;

Candé, le 19 septembre l'an II de la République. Le commandant, Rousselet.

8. — Comité de surveillance et révolutionnaire, établi à Angers par les représentants du peuple.

Le comité se tient rue du Cornet, maison Villemorge.

Le comité a reçu du citoyen juge de paix du canton du Louroux cinq procès-verbaux et une dénonciation.

Fait à Angers, le 30 septembre 1793, l'an Ier de la mort du tyran.

Les membres du comité. Signatures Joachim Proust, président, J. Auvray, vice-président Thierry, Mellet et Boniface.

9. — Comité de surveillance, etc.

Le comité a reçu de... gendarmes montés de Candé le nommé Poirier à lui adressé par le citoyen juge de paix. Fait à Angers le 2 octobre 1793 etc. Signatures Geslin, président, Thierry, J. Auvray, et Mellet.

10. — Nous gendarmes en résidence à Saint-Georges, reconnaissons avoir reçu du citoyen juge de paix du canton du Louroux un mandat d'arrêt contre les nommés Jacques Chevalier et Bernard, dit Boussier, colporteur, pour être conduits au tribunal révolutionnaire, etc., ainsi qu'un cheval, une valise et un portefeuille garni de 20 livres 13 sols en assignats. Au Louroux, le 13 novembre 1793.

11. — Au nom du peuple Français.

A Chateaubriand, le 13 frimaire an II (3 décembre 1793). Les représentants du peuple délégués près les armées réunies de l'Ouest et des côtes de la Rochelle et de Brest, requièrent la municipalité de Candé, qui elle-même est autorisée et chargée de requérir toutes les municipalités environnantes, de faire trouver sur la route de Candé à Angers, toutes les voitures qui sont à leur disposition et tous les chevaux qui pourront être attelés ou montés, à peine en cas de refus d'être déclarés rebelles et punis selon la loi. Signé : Bourbotte, L. Turriau. Pour copie conforme à l'original : signé Gérard , greffier,

Cette pièce concernait tout particulièrement les communes de la Cornuaille, Le Louroux et Bécon qui sont sur le parcours de la route de Candé à Angers. Il s'agissait de transporter

14.

en toute hâte des troupes à Angers assiégé en
ce moment par l'armée vendéenne. De toutes
parts les représentants y faisaient affluer des
secours.

12. — Je reconnais avoir reçu du citoyen
juge de paix du Louroux-Béconnais un mandat d'arrêt pour conduire au comité révolutionnaire le nommé Lemaitre, soldat au 9e régiment de hussards, etc. Une lettre pour le
comité révolutionnaire et un passeport dudit
Lemaitre, ainsi que sa carabine, sabre et pistolets. Au Louroux, 24 frimaire an II (14 décembre 1793).

13. — Je, commandant de la garde nationale de Bécon, reconnais que les citoyens officiers de la garde nationale du Louroux m'ont
remis la quantité de cinq hommes. Bécon, ce 2 nivôse l'an II (22 décembre 1793).
Signé, Gratien, commandant.

14. — Je, commandant de la garde nationale
de Bécon, certifie que... a remis en nos mains
deux brigands nommés Pierre Cari et Julien
Tuseau. Donné à la chambre commune de
Bécon, ce 3 nivose an III. Même signature.

15. — Le comité révolutionnaire d'Angers a reçu du citoyen maire de la commune du Louroux le citoyen Pierre Mabille, de Nantes. Angers, le 8ᵉ jour de la 1ʳᵉ décade du 4ᵉ mois de la République l'an II. Signé, Brutus Thierry.

16. — Nous officiers municipaux de la commune de Bécon reconnaissons avoir reçu des citoyens gardes nationnaux de la commune du Louroux deux brigands avec le procès-verbal. Dont décharge. A la maison commune de Bécon, le 9 nivôse an II. Signatures : René Berthelot, M. Moreau, procureur de la commune, et Caternault.

Ce dernier est le malheureux dont nous avons raconté la triste mort et l'assassinat.

17. — Le comité a reçu du citoyen Changeon un procès-verbal à lui adressé par le juge de paix du Louroux concernant l'interrogatoire des témoins contre Rossignol. Au comité le 15 nivôse an II de la république (4 janvier 1794) Signé Brutus Thierry.

S'agirait-il là du général Jacobin Rossignol? Ceci est pour nous un mystère, mais tout permet de l'affirmer.

18. — Etat des charrois, faits dans la Vendée au mois de pluviose an II (janvier-février 1794) par ordre des représentants du peuple et en exécution des instructions de Beaudesson, ins-

pecteur, faisant fonctions de régisseur général des subsistances militaires de la subdivision de l'armée de l'Ouest.

Mont de l'Etang. Sept charrettes à 6 bœufs et 14 conducteurs : 976 l. 10 s.

Bécon. 43 charrettes à 6 bœufs, 86 conducteurs ; plus 6 chevaux et 6 conducteurs : 6162 l. 12 s. 6 d.

La Place. 10 charrettes à 6 bœufs, 20 conducteurs ; 2 charrettes à 4 bœufs, 2 chevaux et 4 conducteurs ; 1 charrette à 8 bœufs, 2 conducteurs ; 32 charrettes à 6 bœufs, 64 conducteurs ; 3 charrettes à 6 bœufs, 6 conducteurs, plus 8 chevaux et 4 conducteurs : 8056 l. 4 s. 8 d.

Le Marais. 6 charrettes à 6 bœufs et 12 conducteurs : 837 l.

Augustin. Une charrette à 4 chevaux, 2 conducteurs ; plus 19 chevaux et 19 conducteurs : 609 l. 12 s. 11 d.

Le Loroux. 56 charrettes à six bœufs, 112 conducteurs ; plus 14 chevaux et 9 conducteurs. 8146 l. 4 s. 2 d.

La Cornuaille. 4 charrettes à 6 bœufs et 8 conducteurs : 558 l.

Au district d'Angers le 28 frimaire an III de la République française. Signatures.

Ces réquisitions étaient faites pour soustraire aux flammes les grains qui pourraient se rencontrer dans la Vendée , à la suite des colonnes commandées pour la traverser.

19. — Dans une dénonciation faite, le 12 floréal an III (1ᵉʳ mai 1795), par Moreau contre le représentant du peuple Bézard, on lit ces paroles : « Un général par tes ordres, renouvelle dans les communes de Lambert, Clément, Bécon, Les Essarts, Beaucouzé, Le Lyon et autres communes environnantes, le système justement proscrit dans la Vendée : les arrestations recommencent dans un moment où elles devraient soulever tous les esprits. »

20.—Recherché sans doute plus tard pour la part active qu'il avait prise dans tous les faits historiques qui précèdent, l'abbé Lacroix fut jeté une seconde fois en prison. Une correspondance nous révèle de piquants détails :

Le nommé Lacroix, ex-curé de Bécon, détenu à La Rossignolerie d'Angers, s'est évadé le 25 ventose an VI (15 mars 1798) sur les 7 heures du soir. D'après les éclaircissements qu'on a recueillis il paraît certain qu'il s'est revêtu d'habits de femme, et qu'à l'aide de ce travestissement, il est parvenu à tromper la vigilance du concierge. Cet événement a fait mettre aux arrêts l'officier du poste, et resserrer davantage les détenus.

CHAPITRE VIII.

LA PAIX.

Dans notre monographie d'un modeste canton de l'Anjou, nous n'avons point l'ambition de dire comment en France l'anarchie fut vaincue et l'ordre rétabli les 13 vendémiaire et 18 brumaire ; ni comment la nation se jeta enthousiasmée dans les bras d'un chef illustre, dont le puissant génie lui faisait présager la gloire et un gouvernement stable et régulier. Notre seul désir est, comme nous l'avons exprimé à notre début, de nous restreindre dans les limites de notre cadre exigu. Nous ne pouvons donner à notre récit une plus juste conclusion qu'en transcrivant textuellement une dernière pièce officielle.

FÊTE DE LA PAIX.

« Le 30 germinal, l'an IX de la République « Française (30 avril 1801).

« Nous, etc, Conformément à l'arrêté du
« préfet, avons anno ncé la fête pour ce jour-
« d'hui.

« En conséquence nous nous sommes réu-
« nis sur les 10 heures du matin à la chambre
« commune, savoir moi maire, mon adjoint,
« le conseil municipal, vingt braves citoyens
« sous les armes avec leur sergent et leur ca-
« pitaine, et un grand nombre de notables de
« la commune avec une multitude immense.

« Nous nous sommes transportés en ordre
« sur la place où était préparé tout ce qui
« peut exciter la joie et la réjouissance. Là,
« j'ai proclamé par la deuxième fois la paix.
« On a terminé la lecture par des cris de vive
« la république, vive Bonaparte, vive la paix,
« vive le gouvernement et par des décharges
« de fusil répétées. Ensuite on est retourné
« dans le même ordre à la chambre commune
« où s'est encore fait une décharge. Après
« quoi, chacun se rendant aux invitations du
« maire, on est allé prendre ses places à une
« table magnifiquement servie. C'est là qu'il
« était beau de voir les esprits noyés dans la
« joie répéter tour à tour ce que l'ivresse de
« la réjouissance peut inspirer. On n'a point
« oublié nos braves armées qui ont tant con-
« tribué à nous procurer cet heureux jour. »

Moins d'un an après cette fête patriotique,

le 16 mai 1802 (1), les électeurs du Louroux
se portaient en foule aux scrutins ouverts pour
le consulat à vie, conféré à Napoléon Bonaparte.

L'unanimité des 577 votants était pour l'af-
firmative. Il ne se trouva pas dans l'urne un
seul bulletin négatif. Ces faits sont du domaine de l'histoire.

Le canton du Louroux-Béconnais n'avait
fait que suivre l'élan presque général de la
France: les mauvais jours de la terreur en
Anjou n'étaient déjà plus qu'à l'état de souvenir lointain.

(1) Trois jours plus tard, le 29 floréal an XII, le
recensement général des votes du département de
Maine-et-Loire proclamait un résultat de 38,446 suffrages affirmatifs contre 10 bulletins négatifs seulement. Journal des affiches d'Angers, n° 149 du 2 thermidor an XII.

Additions et rectifications.

Page 10, ligne 19, *Barier* et non pas Barrier.

48, ligne 7, se portaient sur *le Louroux*, au lieu de la Cornuaille.

48, ligne 14, vers le bourg *du Louroux*, au lieu de la Cornuaille.

48, ligne 16, après envoyé en ordonnance, ajoutez : à *La Cornuaille*.

58, ligne 3, ajouter : René Livenais.

TABLE DES MATIÈRES.

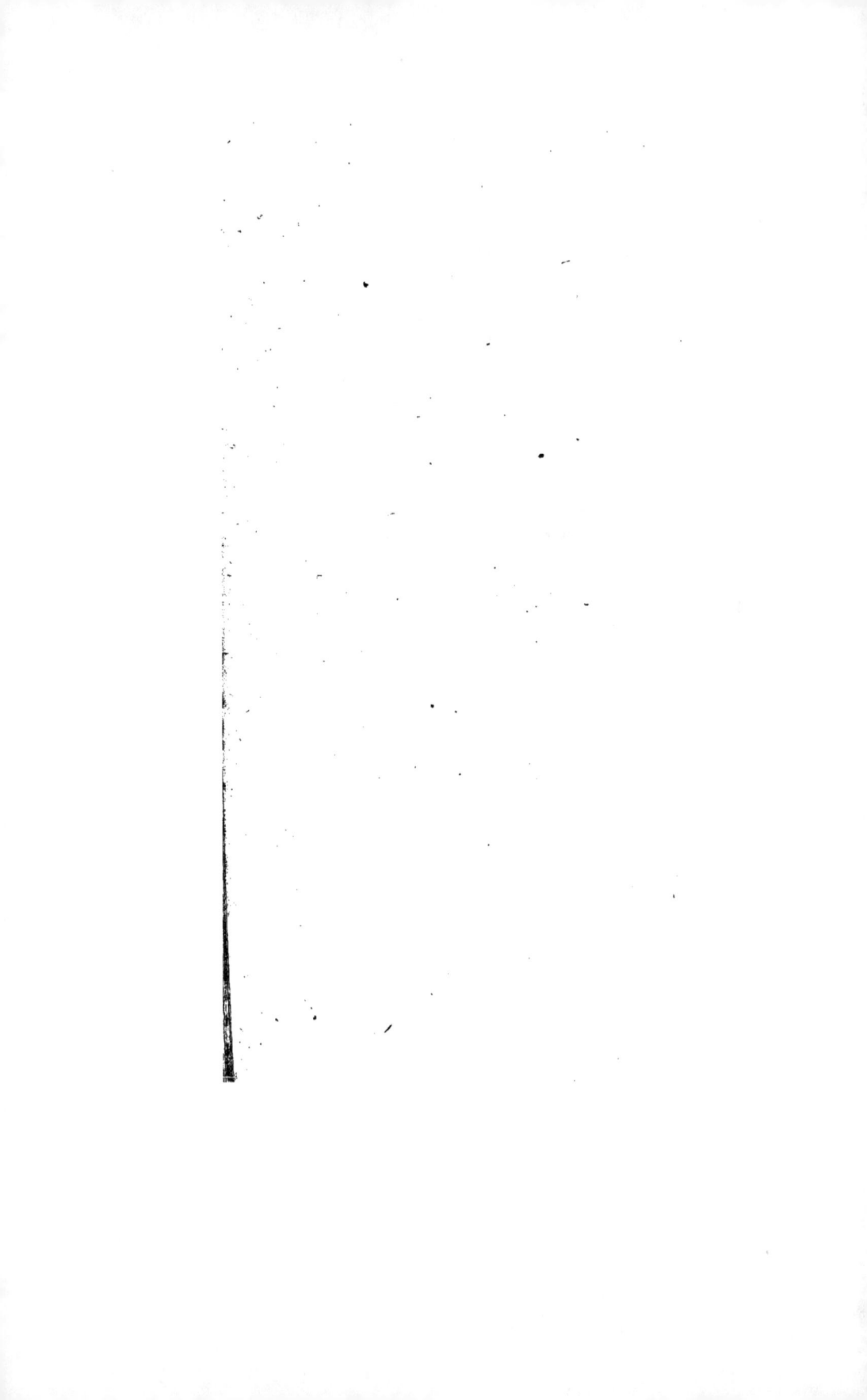

Ouvrages du même auteur :

1. Chroniques de Mortain ; Mortain, in-12, 1850.

2. Recherches historiques sur l'arrondissement de Mortain, Mortain 1 vol. in-8° de 400 pages, 1851. (Ouvrage mentionné honorablement par l'Académie des inscriptions et belles-lettres, au concours de 1852).

3. Mortainais historique et monumental, in-8°. — 1. Barenton ; — 2. Sourdeval-la-Barre ; — 3. Saint-Hilaire-du-Harcouët ; — 4. Notre-Dame-de-Touchet ; — 5. Saint-Pois ; — 6. Coulouvray-Boisbenâtre ; — 7. Isigny-les-Bois ; — 8. Juvigny-le-Tertre ; — 9. Foires anciennes et marchés anciens ; — 10. Saint-Clément ; — 11. Le Prieuré de Moutons ; — 12. La chapelle de Rancoudray ; — 13. Saint-Jean-du-Corail ; — 14. Les stalles de l'église de Mortain ; — 15. Une sentence à la peine de mort ; — 16. La Corporation des barbiers-perruquiers-baigneurs-étuvistes de Mortain ; — 17. Le théâtre du collége royal de Mortain.

4. Légendes recueillies dans l'arrondissement de Mortain ; Mortain, in-12, 1858. Ire partie.

5. Notre-Dame de Rancoudray ; Mortain, 2e édition ; in-12, 1860.

6. Bibliographie Normande ; in-8°. — 1 à 7.

7. Notre-Dame de Lonlay (Orne) ; son abbaye de l'ordre de Saint-Benoît, ses monuments, son histoire ; Domfront, in-8°, 1865. — Avec un plan du monastère.

8. Mayenne en 1589 et 1590 ; Mayenne, in-8°, 1865.

9. Histoire du canton de Couptrain (Mayenne) et de ses communes ; Mayenne, in-4°, 1865.

10. La bataille de Tinchebray (Orne) ; Domfront, in-8°, 1867.

11. Esquisses biographiques ; in-8°. — 1. Le camaldule Guillaume Auvray ; — 2. Allocution Lory ; — 3. Gabriel de Boylesve, évêque d'Avranches. — Avec portrait.

12. Etudes diverses ; Angers, in-8° — 1. Le graveur Joseph Dubois ; — 2. Les trois poëtes Vauquelin ; — 3. Etude sur la signification des noms de lieux du département de la Mayenne.

13. Arnaud, évêque du Mans, et Johel abbé de la Couture ; Avranches, in-8°, 1869.

14. Notice sur les Seigneurs de Domfront (Orne) ; Alençon, in-8°, 1869. — Avec une vue des fortifications de cette ville.

15. Légendes normandes. 2e édition ; Angers, in-12, 1869.

16. Notice sur Saint-Hilaire-du-Harcouët. — 2e édition ; Caen, in-8°, 1871.

Sous le titre d'un Bibliophile normand :

17. La Prinse du comte de Montgommery dedans le chasteau de Donfron, par M. de Matignon. — Domfront, 1868, in-12.

18. Voyage à Mortain. — Mortain, 1868 ; in-12. — En collaboration.

19. Etrennes Mortainaises. — Années 1854, 1855, 1856, 1857, 1858, 1859. — Mortain, in-18.

20. Usages ruraux du canton du Louroux-Béconnais (Maine-et-Loire). — Angers, in-8°, 1868.

www.ingramcontent.com/pod-product-compliance
Lightning Source LLC
Chambersburg PA
CBHW072051080426
42733CB00010B/2074